L'irresponsable

Une présidence française (1995-2007)

Hervé Gattegno

L'irresponsable
Une présidence française
(1995-2007)

Stock

ISBN 10 : 2-2340-5854-6
ISBN 13 : 978-2-2340-5854-5

À la mémoire d'Yves Gattegno.

Ce qu'il faut craindre, d'ailleurs, ce n'est pas tant la vue de l'immoralité des grands que celle de l'immoralité menant à la grandeur. Dans la démocratie, les simples citoyens voient un homme qui sort de leurs rangs et qui parvient en peu d'années à la richesse et à la puissance ; ce spectacle excite leur surprise et leur envie ; ils recherchent comment celui qui était hier leur égal est aujourd'hui revêtu du droit de les diriger. Attribuer son élévation à ses talents ou à ses vertus est incommode, car c'est avouer qu'eux-mêmes sont moins vertueux et moins habiles que lui. Ils en placent donc la principale cause dans quelques-uns de ses vices, et souvent ils ont raison de le faire. Il s'opère ainsi je ne sais quel odieux mélange entre les idées de bassesse et de pouvoir, d'indignité et de succès, d'utilité et de déshonneur.

Alexis de Tocqueville,
De la démocratie en Amérique.

Le fugitif de l'Élysée

« S'il ne réagit pas, il est foutu ! » Lancé par Dominique de Villepin, l'avertissement mêle l'encouragement à la menace. Dans l'entourage de Jacques Chirac, chacun sait que le tempérament batailleur du secrétaire général de l'Élysée et son penchant pour les imprécations le mènent parfois à l'exagération. Pourtant, ce jeudi 21 septembre 2000, nul ne le soupçonne de dramatiser : l'heure est vraiment grave. Le Président paraît abattu. La publication, en début d'après-midi dans *Le Monde*, de la confession enregistrée avant sa mort par Jean-Claude Méry, jadis financier occulte du RPR et homme-orchestre des marchés publics parisiens, l'a laissé groggy. Détaillant les mille et un secrets de l'alimentation des caisses du parti chiraquien, l'homme d'affaires y affirme : « C'est uniquement aux ordres de M. Chirac que nous travaillions. »

Suit le récit d'une scène effarante : la remise d'une valise de billets à l'hôtel Matignon, en 1986, alors que ce dernier était Premier ministre. Jamais, en France, une accusation aussi directe et violente n'avait été portée contre le président de la République – fût-ce par un mort.

Ce jour-là, le chef de l'État effectue une visite en Charente. Alors que radios et agences de presse répètent inlassablement les passages les plus accablants de ces accusations posthumes, il serre mécaniquement les mains qui se tendent, comme à son habitude, tandis que les membres de son service de sécurité tiennent les journalistes à bonne distance. Loin de ses bases, il a choisi de ne pas réagir dans l'improvisation. Le moindre faux pas pourrait précipiter sa chute. À chaque étape de son périple charentais, il prononce un bref discours écrit d'avance et soigneusement calibré. Devant un parterre d'élus, plaidant pour le quinquennat, à quelques jours du référendum qui doit entériner la réduction du mandat présidentiel, il regrette que « les silences de notre démocratie entre deux scrutins nationaux » soient « trop longs, trop lourds, trop profonds ». Mais il sent bien qu'à cet instant, c'est son propre silence que l'on pèse et ses mots que l'on guette. Le soir même, il doit accorder une interview à France 3 qui sera retransmise en direct et dont le principe est convenu depuis plusieurs jours ; se décommander à la dernière minute apparaîtrait comme une dérobade. Il faudra donc répondre. Mais quoi ?

Dans la voiture qui le conduit à Angoulême, le Président s'entretient au téléphone avec Villepin. « J'ai l'impression que ça ne s'arrêtera jamais », lâche-t-il. Cette prédiction fataliste fait rugir son interlocuteur : « Soyez combatif ! Ne baissez pas la tête ! Il ne faut pas vous justifier, mais contre-attaquer. Pensez à de Gaulle : qu'a-t-on retenu de Mai 68 ? La "chienlit" ! Et du coup d'État d'Alger ? Le "pronunciamiento", le "quarteron de généraux en retraite" ! C'est cela le gaullisme : l'emphase, les formules-chocs qui frappent l'esprit. C'est cela qu'il faut trouver aujourd'hui : un mot qui produise le même effet, qui balaye tout le reste... » Sans ressort, le Président approuve. Dans l'heure qui suit, le secrétaire général convoque une réunion de crise. Après un échange avec Agathe Samson, chef du service de presse de la présidence, deux hommes l'ont rejoint, familiers des brainstormings élyséens les soirs de tempête : le magistrat Jean-Claude Antonetti, conseiller du chef de l'État pour les questions judiciaires, et l'avocat Francis Szpiner, ami et confident de Dominique de Villepin, qui contribue de longue date à la stratégie présidentielle face à l'incessante montée des « affaires ». Plusieurs mots sont lancés, afin d'en tester l'impact.

« Pourquoi pas ubuesque ? » propose Villepin.

Le terme est jugé trop classique et la référence au personnage de la comédie d'Alfred Jarry, trop décalée. « Ahurissant », « extravagant », « hallucinant », sont repoussés à leur tour, considérés comme « trop ordinaires ». Lorsque Villepin avance « abracadabrant », Szpiner, séduit, suggère qu'on en vérifie le sens afin d'éviter tout « effet boomerang ». Antonetti revient avec un dictionnaire. C'est là, au bas de la note correspondante, que le secrétaire général de l'Élysée déniche le joyau qu'il cherchait, dans la citation d'un poème de Rimbaud, « Le cœur supplicié » :

> « Ô flots abracadabrantesques,
> Prenez mon cœur qu'il soit sauvé :
> Ithyphalliques et pioupiesques
> Leurs insultes l'ont dépravé. »

« Abracadabrantesque » : la sonorité étrange s'ajoutant à l'inspiration littéraire, le qualificatif est retenu. Il reste à le faire adopter par le Président, et surtout à espérer que celui-ci réussira à le prononcer, à l'antenne, sans bafouiller – la contre-attaque gaullienne y perdrait de sa force...

C'est que le Président n'est pas au mieux. En fin d'après-midi, au Centre de la bande dessinée d'Angoulême, alors qu'il assistait à une démonstration de dessin animé interactif, il est resté interdit en découvrant que le personnage choisi pour dialoguer avec lui n'était autre que Pinocchio. Lorsqu'un technicien a demandé : « Tu sais mentir ? », le nez de la figurine virtuelle s'est allongé... Chirac est parti sans s'attarder. *In extremis*, l'équipe présidentielle avait fait supprimer du programme la chanson initialement prévue. Les paroles disaient : « Je mens, tu mens, il ment... », sur l'air des lampions. Mieux valait s'en dispenser.

Le soir, tendu à l'extrême, Chirac réussit son oral. Sa langue ne fourche pas quand il s'indigne de cette « histoire abracadabrantesque » dans laquelle on tente de le compromettre et dénonce la « calomnie » dont il serait victime. Mais son plaidoyer l'entraîne dans un lapsus troublant, lorsqu'il déplore que l'on « disserte sur des faits invraisemblables qui ont eu lieu il y a plus de quatorze ans ». Dès le lendemain, les services de l'Élysée auront rectifié, substituant à l'indicatif un conditionnel moins compromettant : sur le site Internet de la présidence de la République, où le texte de l'interview est archivé, le chef de l'État est censé n'avoir évoqué que « des faits invraisemblables qui *auraient* eu lieu il y a plus de quatorze ans »...

« Abracadabrantesque ». Douze années de pouvoir, bien sûr, ne peuvent se résumer en un mot. Mais la tentation simplificatrice qui est l'un des moteurs du journalisme est à l'œuvre et il faut bien convenir que l'emprunt du Président au poète du *Bateau ivre* a fait florès. À en juger avec le recul des ans, la diversion rimbaldienne de l'automne 2000 semble revêtir une dimension parabolique, celle d'un instantané saisissant qui concentrerait en lui-

15

même tout le règne de Jacques Chirac, des élans initiaux aux nostalgies ultérieures, en passant par le choc bouleversant de la réélection, au printemps 2002. Tout y est : l'abattement causé par le scandale, la réaction qu'impose le soupçon, l'inspiration soufflée par d'autres, l'adresse dans l'exécution... L'ensemble accompli dans une forme de précipitation qui constitue, d'évidence, l'une des marques du chiraquisme – comme si, chez ce président-là, l'urgence seule pouvait dicter le mouvement, au propre comme au figuré.

C'est peut-être pourquoi, à l'heure du bilan, le règne de Jacques Chirac apparaît si stérile en réalisations effectives, si pauvre en conquêtes véritables, seulement riche d'intentions affirmées et de proclamations généreuses. Il a trop couru en tous sens pour pouvoir creuser un sillon. Guidé par cette intuition, le linguiste Damon Mayaffre a exploré avec une méticulosité d'entomologiste la langue de Jacques Chirac, traquant habitudes grammaticales et préférences lexicales de l'orateur présidentiel pour en déduire les constantes de son expression. De cette étude, injustement passée inaperçue[1], le chercheur tirait cette conclusion sévère : « Jacques Chirac [...] restera donc dans l'histoire de la Ve République comme le président de la parole. Faute de rouages législatifs, il fut condamné pour le meilleur et pour le

1. Damon Mayaffre, *Paroles de Président, Jacques Chirac (1995-2003) et le discours présidentiel sous la Ve République*, Honoré Champion, 2004.

pire à gouverner par les mots. Dans son discours se concentre, se réduit puis s'épanouit l'essentiel de son action politique. L'apparente impuissance de l'homme consacre la toute-puissance du verbe dans l'activité politique. »

Des mots plutôt que des actes, donc. De grandes phrases à défaut d'actions véritables, palpables, quantifiables. De nobles discours, certes, portant notamment sur la reconnaissance de la responsabilité de l'État français dans la déportation des Juifs durant la Seconde Guerre mondiale, l'opposition française à la guerre d'Irak, la nécessité d'inclure la sauvegarde de l'environnement dans les politiques publiques ou le souci de faire bénéficier le tiers-monde des profits de la mondialisation économique – sans oublier la réduction annoncée de la « fracture sociale », slogan électoral lancé en 1995 avec succès, mais qui ne fut guère suivi d'effet. Autant d'engagements estimables, qui distinguent Jacques Chirac et ont sans doute contribué à sa réputation et au rayonnement de la France ; mais l'œuvre d'un homme d'État peut-elle ne se bâtir que sur des phrases ? Scrutant dans le verbe de l'homme l'affaiblissement d'une institution, le philosophe Yves Michaud a, depuis, diagnostiqué avec cruauté ce « sentiment de malaise » et de frustration qu'a pu inspirer la lecture ou l'écoute des propos présidentiels : « Même si l'on admet que la politique démocratique consiste dans l'exercice de la parole, on a vite le sentiment d'une fuite dans le discours, écrit-il. Certes, parler c'est agir, mais qu'en est-il quand il n'y a plus que des paroles et encore des paroles, comme s'il suffisait de parler pour faire[1] ? »

À répondre par des mots aux difficultés, aux échecs et aux périls, le cinquième président de la Ve République aura ainsi pris l'apparence d'un fugitif, cherchant toujours dans de nouveaux artifices oratoires l'échappatoire d'un pouvoir chancelant. Pas un proscrit en cavale au bout du monde, dont le portrait s'afficherait dans les gares et les aéroports et qui, pour se mettre hors d'atteinte, changerait d'adresse aussi souvent que d'identité – encore qu'à certains égards, son itinéraire politique évoque ces métamorphoses incessantes. Sa course à lui est imaginaire, immobile et pourtant haletante ; c'est celle d'un homme qui, douze années durant, aura vu le pouvoir lui filer entre les doigts, les juges se presser sur ses talons et l'histoire se dérober sous ses pas.

Entré à l'Élysée en 1995, Jacques Chirac y a connu, comme ses prédécesseurs, l'ivresse de la puissance et l'amertume de l'échec. Comme eux, il s'est emparé des instruments de la domination qu'offre – avec une ampleur inégalée dans le reste du monde – le système français. Et dans leur sillage, il a conduit, à son tour, l'exercice présidentiel jusqu'aux limites de l'acceptable, en vertu de l'antique

1. Yves Michaud, *Chirac dans le texte, la parole et l'impuissance*, Stock, 2004.

maxime de Thucydide qu'aimait à citer François Mitterrand : « Tout homme va jusqu'au bout de son pouvoir. » L'exception chiraquienne réside donc ailleurs : plus qu'aucun de ses devanciers, le lointain héritier du général de Gaulle a usé des moyens de la présidence à la seule fin de s'y maintenir, poussant ainsi jusqu'au paroxysme la caricature de la Vᵉ République en régime autocratique – en « démocrature », selon le néologisme de Jean-François Revel[1]. Bien davantage qu'eux, il est vrai, il vécut sous la menace : le parfum entêtant des cuisines de la mairie de Paris le suivait déjà lorsqu'il accéda à l'Élysée et il ne put guère compter, durant son principat, sur une majorité qui lui soit réellement attachée.

Dans la combinaison inédite de ces deux handicaps se trouve le fondement de la malédiction chiraquienne. Vouant, d'emblée, le chef de l'État à l'isolement et à l'affaiblissement, elle le condamnait à employer avec déloyauté les armes offertes par la Constitution et, ainsi, à focaliser son exercice du pouvoir sur ce seul objectif : durer. Au long de cette succession de revers, de surprises et de chausse-trapes qui ont rythmé sa présidence, si Jacques

---

1. Critique féroce des institutions gaullistes dès leur entrée en vigueur, en 1958, Jean-François Revel inventa l'expression dans un article de *L'Express*, paru le 21 juin 1971, soit sous la présidence de Georges Pompidou. « On sait bien qu'il est grotesque d'appeler cette démocratie-là dictature, écrivait-il. Appelons-la donc démocrature, ou démocratie noyautée. »

Chirac s'est parfois laissé guider par son instinct, c'était, à coup sûr, l'instinct de conservation.

Cette histoire est connue et pourtant, elle reste à raconter.

N'en déplaise aux tenants des ordres établis et des bien-pensances françaises, il faut encore expliquer comment ce règne républicain, au cœur de l'Europe et à la charnière des deux siècles, entremêla au-delà de l'imaginable la haute et la basse politique, les enjeux publics et les intérêts privés, les grands principes et les arrière-pensées. Non pour faire le procès d'un homme ni pour dresser le réquisitoire de son action, mais plutôt pour comprendre pourquoi, avec Jacques Chirac et malgré lui, a sonné la fin d'une certaine pratique présidentielle, faite d'absolutisme et d'irresponsabilité. Pour cela, il faut accepter l'idée, peu conforme aux usages hexagonaux, qu'il n'y a pas d'un côté la politique et ses batailles, de l'autre les « affaires » et leurs règlements de comptes ; mais que ces deux univers coexistent, comme l'endroit et l'envers du décor démocratique, et qu'il faut les observer ensemble pour en avoir une juste vision. Racontée à l'aune des seuls affrontements électoraux et intérêts partisans, la vie politique prend une allure idyllique dont les citoyens pressentent qu'elle est mensongère ; observée à travers le prisme unique des scandales à répétition, elle se réduirait à une caricature policière, propre à alimenter le poujadisme et la désaffection du débat public.

Les deux calvaires de Jacques Chirac ne sauraient donc être dissociés : si le même chef de l'État a vu par deux fois le peuple rejeter son appel (la dissolution manquée de 1997 et le référendum négatif de 2005) et à trois reprises la justice lui demander des comptes, ce ne peut être simplement par l'effet de coïncidences. On sait, en tout cas, ce qu'il est advenu : l'homme s'est maintenu sans sourciller mais la fonction, elle, s'est affaissée sous les coups. Trop de bosses ont fini par déformer l'armure du Président.

Aussi l'exigence lucide commande-t-elle de rassembler les pièces du puzzle, sans chercher à taire davantage les causes les plus manifestes de l'épuisement du système français, à commencer par la corruption des mœurs politiques, l'appropriation personnelle du pouvoir (des pouvoirs) dont elle est assortie et l'asservissement de la justice qui en résulte.

Soyons juste : de cet héritage sombre, Jacques Chirac ne peut être tenu pour seul comptable. Depuis son fondateur, la République gaullienne a souvent toléré l'affairisme, parfois jusqu'au sommet de l'État, et son inclination monarchique ne s'est jamais démentie – les avatars giscardien et mitterrandien n'ont, c'est le moins qu'on puisse dire, pas bouleversé cette continuité. Mais l'héritier proclamé du gaullisme est allé au-delà : sa résistance aux épreuves, l'évanouissement des obstacles qui se dressaient sur sa route ne doivent rien au hasard, mais tout à l'habileté, à la détermination et à la tolérance qu'une certaine tradition française consent envers les turpitudes et les mensonges des puissants. C'est ainsi qu'en douze années de règne, Jacques Chirac a organisé son irresponsabilité – politique et judiciaire – comme un débiteur sans scrupule organise son insolvabilité.

Voici comment il a fait.

I

D'un château l'autre

Et Paris est l'abîme où coule l'avenir.
Pas plus que l'océan, on ne peut le punir.
Victor Hugo

Ce fut le premier secret d'État de la présidence de Jacques Chirac. Officiellement installé à l'Élysée le 17 mai 1995, le nouvel élu résidait toujours à l'hôtel de ville de Paris. Au successeur qu'il venait de se choisir, Jean Tiberi, il avait simplement glissé : « Bernadette aimerait continuer à disposer de l'appartement. Les travaux à l'Élysée ne sont pas finis et puis, tu sais ce que c'est... » Le nouveau maire, qui avait tant attendu son heure, ne pouvait pas dire non. Cela dura presque un an et demi. Jusqu'au mois de septembre 1996, l'épouse du chef de l'État continua d'occuper, pour « convenances personnelles », le plus vaste logement de fonction du pays : 1 800 mètres carrés superbement décorés, couvrant l'intégralité de l'entresol dans la partie du bâtiment qui fait face à la Seine, et au pied duquel s'étend un petit parc arboré, protégé du regard des passants par les murs et les haies. « Que voulez-vous, l'Hôtel de Ville, j'y ai passé dix-huit ans de ma vie, j'y ai laissé beaucoup de souvenirs, a-t-elle expliqué. Si vous saviez, par exemple, comme j'ai pu me promener, le soir, dans la salle des fêtes ou à travers ces grands salons du premier étage ! La nuit, les vieilles maisons vous parlent, elles sont pleines d'odeurs et de sensations, de bruits familiers[1]... »

Le nouveau président, lui, ne s'y montrait plus guère – même pour dormir. Mais le changement d'adresse semblait lui coûter. Comme si quitter la mairie l'exposait, soudain, à mille dangers dont il était jusqu'alors protégé. Comme si, durant près de deux décennies, l'Hôtel de Ville avait été, pour lui, non seulement un palais et bien plus qu'un symbole : une forteresse dont les hauts murs abritaient ses ambitions, ses projets et ses doutes ; une citadelle, d'où partaient les assauts victorieux et où, quand survenait l'échec, on reconstituait les bataillons, on reprenait des forces. Aussi, malgré l'absence, sa présence restait-elle immanente. Posé sur le bureau du maire, un téléphone blanc symbolisait cette permanence : l'« inter », la ligne interministérielle par laquelle le président de la République peut appeler les ministres, leurs directeurs de cabi-

1. Bernadette Chirac, *Conversation*, entretiens avec Patrick de Carolis, Plon, 2001.

net et certains très hauts fonctionnaires, sans passer par aucun standard ni aucune secrétaire. Un raccordement spécial avait été posé avec la mairie en 1986, lorsque le chef du RPR avait pris la tête du premier gouvernement de cohabitation, sous la présidence de François Mitterrand. C'était alors un signe d'indépendance envers l'Élysée : une façon de signifier que le pouvoir chiraquien restait à l'Hôtel de Ville ; le transférer entièrement à Matignon aurait pu accréditer une forme de subordination – ou pire, l'acceptation d'une vassalité. Au contraire, la politique de la nouvelle majorité devait être impulsée à partir du bastion parisien, dont chacun savait déjà qu'il abritait, de fait, le vrai siège du RPR...

Deux ans plus tard, la réélection du président socialiste sonnait le glas de cette ambition ; devenue inutile, la ligne du maire fut débranchée. Mais, en 1993, la droite prenait sa revanche aux élections législatives et une seconde cohabitation avec Mitterrand s'engageait. Cette fois, instruit par l'expérience, Jacques Chirac ne voulait plus s'exposer : c'est Édouard Balladur qui entra à Matignon. Mais l'« inter » fut aussitôt reconnecté. Frustré de n'être pas lui-même aux commandes et maniaque des coups de fil comminatoires, l'élu de la capitale appelait directement les ministres, les convoquait, leur dispensait ses consignes, jouant avec insistance les maires du palais – ces conseillers qui, au temps des rois fainéants, étaient les véritables détenteurs du pouvoir. Vexé, bientôt ulcéré, Balladur se résolut à faire couper la ligne, comme pour trancher le nœud gordien. Au demeurant les deux hommes, qui seront candidats l'un contre l'autre à l'élection présidentielle de 1995, n'avaient plus rien à se dire.

Avec l'installation de Jean Tiberi, le combiné blanc reprit du service. Adoubé par Jacques Chirac, le nouvel édile devait être un continuateur davantage qu'un successeur. Désormais, la ligne existait surtout pour permettre à l'Élysée d'appeler directement l'Hôtel de Ville, et non plus l'inverse. Les familiers des lieux racontent qu'à chaque sonnerie, « Jean » sursautait, répondant à un « garde-à-vous » imaginaire en redressant le buste pour décrocher avec appréhension – « Oui, Jacques... »

D'autant qu'aux appels amicaux et attentionnés de la première année du mandat présidentiel succédèrent, peu à peu, les sollicitations inquiètes, puis les manifestations d'irritation. Avec le temps et la montée des « affaires », le Président ne voulait plus être – ni même avoir été – le maire de la capitale. Le passé glorieux était devenu compromettant ; Jacques Chirac était prêt à l'abandonner à qui serait preneur. Pour le nouveau chef de l'État, l'heure était venue d'oublier Paris. Et de faire place nette derrière lui.

De ce revirement opportun, Jean Tiberi a aperçu sans tarder les premiers signes. Deux mois après l'élection de son mentor à la présidence de la République, il a appris par l'indiscrétion d'un membre du personnel municipal que des cartons d'archives avaient été déménagés nuitamment vers une destination inconnue. Lui-même réside toujours dans son appartement de la place du Panthéon ; il n'a pu être dérangé par le bruit. Mais lorsqu'il interroge Roger Romani, inamovible questeur de la Ville et grognard du chiraquisme, il obtient pour seule réponse un bredouillement confus. « On me tient à l'écart, je n'aime pas ça », proteste-t-il. Le lendemain, il reçoit un appel rassurant sur le téléphone blanc... Un an plus tard, au retour d'une fête donnée par le milliardaire François Pinault en l'honneur du mariage de son fils, Chirac l'invite à rentrer en voiture avec lui. Là, il souffle à Tiberi : « Ah, ces juges ! Ça commence à devenir inquiétant... » Quelques jours après, le juge Éric Halphen effectuera une perquisition au domicile des Tiberi.

Le 27 juin 1996 à 14 h 55, le magistrat de Créteil, chargé de l'enquête sur l'office HLM de la capitale, sonne à la porte du maire. À l'intérieur de l'appartement, le juge découvre, dans une commode, trois bulletins de salaire établis au nom de Xavière Tiberi par le conseil général de l'Essonne : ils mentionnent la qualité de « collaboratrice cabinet », au salaire mensuel de 20 000 francs nets. Voyant Halphen s'attarder sur ces documents, la femme du maire de Paris s'empresse de lui expliquer qu'elle a « réellement travaillé pour le département de l'Essonne » et qu'elle souhaite lui « remettre le rapport qui est, selon elle, la contrepartie de son emploi au conseil général » [1]. En fait, cette spontanéité est toute calculée, mais elle procède d'un malentendu. Redoutant depuis peu une perquisition, les Tiberi ont pris soin de préparer leurs réponses ; pourtant, ce n'était pas à la visite du juge Halphen qu'ils songeaient mais à une enquête en cours depuis peu au siège du conseil général de l'Essonne, à Évry, et qui vise certains emplois de faveurs accordés par son président, le sénateur (RPR) Xavier Dugoin, dont l'un à sa propre épouse. Devançant les questions qui ne manqueront pas d'être posées sur le salaire de Xavière, ils ont donc fait préparer, à la hâte, une étude qui justifiera ses émoluments – dix mensualités, entre mars et décembre 1994, soit exactement 200 000 francs. C'est pourquoi, lorsque le juge Halphen tombe sur les fiches de paie, l'intéressée est ravie de lui communiquer le fameux « rapport » au titre rébarbatif : *Réflexions sur les orientations du conseil général de l'Essonne en matière de coopération décentralisée.* Rédigé dans la précipitation, sous l'égide d'un collaborateur de Dugoin, l'ouvrage est un composé de considérations générales et d'emprunts à des publications spécialisées ; il est truffé de fautes de frappe qui ont, à l'évidence, échappé à toute relecture. Ce document ridicule va constituer le premier élément à charge contre les Tiberi – et, du même coup, le premier signal d'alerte pour Jacques Chirac.

1. Procès-verbal de perquisition, 27 juin 1996. Archives de l'auteur.

Au cours des semaines suivantes, d'importants transferts de documents eurent lieu à l'Hôtel de Ville. Entassées dans des sacs et embarquées par camion, les pièces provenaient du cabinet du maire et de son secrétariat, confiera au juge Halphen un agent de sécurité de la mairie. Sur l'instant, ce témoignage fut compris comme une mise en cause de l'héritier et de lui seul. D'évidence, pourtant, ces transports clandestins ne pouvaient avoir pour but de faire disparaître les seules archives de l'ère Tiberi : celui-ci n'était maire que depuis quatorze mois ; or l'enquête établira que 34 sacs d'archives furent enlevés par le service municipal compétent au cours de ce mois de juillet (contre 6 en mai et 4 en juin). « J'ai entendu dire que des disquettes informatiques du service de la questure avaient été détruites, devait ajouter le témoin. Des gens ont travaillé tard le soir pour mettre ces documents dans des sacs et, au total, le déménagement a pris au moins trois jours. » Dans le même temps, une société de Vitry-sur-Seine spécialisée dans la « destruction confidentielle d'archives » recevait deux chargements en provenance de la mairie de Paris, représentant en tout près de neuf tonnes de documents – alors que la moyenne des mois précédents n'excédait pas deux tonnes...

Cela, Jean Tiberi ne pouvait prétendre l'avoir ignoré. Mais il fut prié d'en dire le moins possible et de rester seul en première ligne. Il avait voulu la mairie, il l'avait. Il n'était plus temps de refuser l'héritage. Même si les droits de succession s'annonçaient plus élevés que prévu. Un soir de décembre 1996, alors que ses déboires judiciaires occupaient la une des journaux et que le rapport apocryphe faisait de son épouse la risée des chansonniers, la sonnerie du téléphone blanc retentit à nouveau. Il décrocha d'une main tremblante et répondit, devant plusieurs de ses proches – qui n'entendirent que lui :

« Bonsoir, Jacques.

– [...]

– Maintenant ? Tout de suite, mais... Bon. J'arrive.

– [...]

– Par la porte de derrière ? Mais enfin, pourquoi ?

– [...]

– Bien. J'arrive. »

Ce soir-là, pour la première fois, le Président suggéra à Jean Tiberi de démissionner. Livide, celui-ci plaida sa cause, rappelant les batailles anciennes, les succès communs, déplorant aussi la mauvaise volonté des « autres », les « jaloux » qui guignaient eux aussi la succession. Rien n'y faisait. Comme Jacques Chirac insistait sur le poids des « affaires » et les menaces qu'elles faisaient peser « sur tout le monde », son successeur finit par lui répondre :

« – Il est impossible que je parte. Il vaut mieux que je sois là. Je suis le mieux placé pour affronter ça.

– Peut-être, mais il y a cette histoire avec Xavière. Ça n'est pas bon...

– Mais souviens-toi, Jacques. Tu sais bien que c'est toi qui m'as suggéré de faire comme ça pour Xavière. Tu m'as dit de voir avec Rabut ; c'est ce que j'ai fait...

– Ah bon ? Je ne m'en souviens pas. »

Jean-Eudes Rabut était le chef de cabinet de Chirac à l'Hôtel de Ville. Un intendant débrouillard et sympathique, que les élus appréciaient et dont chacun savait la proximité avec le maire. En 1994, c'est à lui, en effet, que le futur président de la République s'adressa pour rendre à « Jean », qui était alors son premier adjoint, le service dont il avait besoin. Du moins, pas tout à fait : à cette époque, Tiberi maugréait parce qu'il voulait disposer à sa convenance de l'emploi d'attaché parlementaire que l'Assemblée nationale offre aux députés. Beaucoup en profitent pour faire rémunérer un membre de leur famille, le fils d'un ami ou une maîtresse – sans que leur travail soit forcément réel ; lui voulait utiliser ce budget pour salarier son épouse, qui tenait effectivement sa permanence dans le Ve arrondissement. Or le groupe parlementaire du RPR, considérant qu'il n'avait besoin de personne puisque, précisément, Xavière était là, avait disposé de cet emploi pour recruter une assistante et l'affecter dans ses bureaux, au Palais-Bourbon. Pour régler le problème posé par Tiberi sans froisser le parti, Rabut s'adressa au directeur du cabinet de Dugoin. C'est ainsi que fut organisé le recrutement d'une nouvelle contractuelle au conseil général de l'Essonne.

Jean Tiberi refusa de partir. Deux semaines plus tard, les deux hommes se croisèrent à l'occasion d'une cérémonie. Avant que son successeur ait le temps de dire un mot, le Président lui lança : « Tu sais, ce que tu m'as dit l'autre jour, j'en ai parlé à Rabut. Il ne s'en souvient pas non plus ! » C'était faux, bien sûr, mais tellement révélateur : il était temps, pour lui, de tourner la page, de refermer le vieux livre, mais comment faire quand ces nouveaux *Mystères de Paris* menaçaient chaque jour de livrer leurs secrets innombrables ? L'ambiguïté de la position de Tiberi tenait à cette contradiction : au long de l'ascension de Chirac vers le pouvoir, il avait été un bras droit commode et effacé, tenu à l'écart des dossiers les plus sensibles ; désormais exposé au feu, il pouvait se révéler dangereux. Car, si bien des choses lui échappaient, il en connaissait toujours un peu. Tel est le risque avec ce genre de personnage : un premier adjoint peut toujours devenir un témoin numéro un. Quand il s'installa dans le bureau du maire, en 1995, Tiberi savait, comme les quelques initiés du pouvoir municipal, que s'y trouvaient deux coffres-forts – un près de la cheminée, l'autre dans le cabinet de toilette attenant. Jamais Chirac ne les ouvrait en présence d'un tiers. Il demanda à voir ce qu'ils contenaient : ils étaient vides...

Après la découverte de la cassette Méry, Jean Tibéri déclarera, perfide : « Je me suis toujours demandé pourquoi Chirac ne m'avait pas mis dans le coup. Je m'en félicite aujourd'hui[1]. » Plus rusé qu'il ne le laisse présumer, volontiers caustique, il va multiplier, à l'avenir, les sous-entendus fielleux et les protestations ironiques sur le thème : « Il est le mieux placé pour savoir que je suis innocent de ce dont on m'accuse » ; ou encore : « Pourquoi ne me soutient-il pas ? Peut-il vraiment croire que j'ai commis toutes ces choses ? » À quoi le Président répond, lui aussi, par la duplicité, alternant le chaud et le froid, recommandations bienveillantes et reproches courroucés. Entre les deux hommes, qu'unissait un long compagnonnage inauguré sous Pompidou – Tiberi était l'un des conseillers du garde des Sceaux d'alors René Capitant –, le malentendu se creuse : Chirac a choisi son successeur parce qu'il le croyait docile et sans caractère, pas politique pour deux sous, si l'on ose dire ; Tiberi, lui, pensait de bonne foi que la mairie de Paris n'abritait aucun scandale, sinon de très anciennes prébendes distribuées à droite comme à gauche et connues de – presque – tous. Aussi vit-il comme une injustice les tourments qui sont faits à son épouse à cause de son emploi et de son fichu « rapport ». C'est pourquoi, aussi, il souffre de voir Chirac le tenir à distance et refuser de lui venir en aide. Dans le cahier où elle couchait ses inquiétudes, saisi par le juge Halphen, Xavière Tiberi prédisait, dès l'été 1996 : « Ils vont

1. *Le Figaro Magazine*, 18 novembre 2000.

essayer de lui foutre tout sur le dos. Pourquoi on le présente lui comme responsable ? On dirait qu'il a tout géré tout seul. Pourquoi il n'y a qu'un nom qui apparaît ? Ch. et J.[1] n'ont jamais rien fait à l'Hôtel de Ville ? » L'épouse du maire redoutait alors le « syndrome du buffle » : « On s'attaque au plus faible et les autres peuvent s'échapper. Si quelqu'un tombe, les gens se précipitent sur lui et abandonnent les autres proies... » Au fil des épreuves, elle n'aura de cesse de persuader Jean Tiberi que l'Élysée cherche à l'offrir en sacrifice aux juges et à l'opinion. Il finira par se laisser convaincre.

Au mois d'avril 1998, il digère mal que Jacques Chirac ne trouve pas l'autorité suffisante pour interdire à deux de ses fidèles, Jacques Toubon et Bernard Pons, de fomenter une rébellion pour le renverser. Il les désavouera après leur échec.

« Vous ne serez pas mouillé dans tout ça, lui avait juré Toubon, qui occupait alors un poste de conseiller à l'Élysée.

– Il ne faut pas déstabiliser Tiberi, ouvrir la boîte de Pandore[2] », avait répondu Chirac.

Un an et demi plus tard, les embarras de Paris continuent à empoisonner le RPR ; entre le Président et le maire, les rapports se sont encore

1. Elle désignait de toute évidence Jacques Chirac et Alain Juppé, alors Premier ministre et qui fut adjoint aux finances de la Ville de Paris de 1983 à 1995.
2. Cité par Bruno Dive et Guillaume Tabard, in *Les Amis de l'Hôtel de Ville*, Plon, 2000.

dégradés. Les emportements de Xavière résonnent jusqu'à l'Élysée : elle accuse de plus en plus ouvertement Claude Chirac et Dominique de Villepin, le secrétaire général de l'Élysée, de comploter contre son mari. « Ce sont des traîtres ! » répète-t-elle à voix haute dans les couloirs de l'Hôtel de Ville. Sortant d'une pâtisserie du Ve arrondissement, elle aperçoit la voiture de Villepin, elle fonce droit sur lui en brandissant des menaces : « Je sais ce que vous faites contre nous. Je vous maudis, vous et vos enfants jusqu'à la troisième génération ! » Son attitude furibonde impressionne le secrétaire général au point qu'à peine rentré à l'Élysée, il se précipite dans le bureau du chef de l'État pour se plaindre : « Elle a perdu la tête, elle m'a jeté un sort ! » À plusieurs élus de la capitale, elle assure sans ambages qu'elle en sait « bien assez pour envoyer l'autre en prison ». Le 12 septembre, sur TF1, elle accorde un long entretien à la journaliste Ruth Elkrief, dont la teneur fait sensation : elle y présente son époux comme « un saint » – comprendre : un martyr qui souffre pour expier des fautes qui ne sont pas les siennes.

Fin novembre 1999, les deux hommes se revoient en tête à tête. L'ambiance est glaciale.

« J'ai fait une croix sur Paris. Je te soutiendrai jusqu'à la fin de ton mandat, mais il faut que tu commences à penser à l'après, avertit Chirac.

– Je suis candidat à ma succession. J'irai jusqu'au bout », répond Tiberi.

Pour qu'il consente à s'effacer, le chef de l'État lui offre de le faire nommer au Conseil constitutionnel par Christian Poncelet, le président du Sénat. « Ce serait trop gros », objecte le maire. Chirac propose ensuite le Conseil supérieur de l'audiovisuel.

« Je n'y connais rien, dit Tiberi.

— Ça s'apprend », rétorque-t-il.

Dialogue de sourds qui s'achève sur ce conseil : « Réfléchis bien, Jean. Ne te trompe pas. »

Un an plus tard, exclu du RPR, déconsidéré par les siens, Tiberi confirmera sa candidature malgré tout et déclarera au *Figaro Magazine* : « Chirac n'est plus mon ami[1]. » Entre-temps, l'interministériel avait été coupé. Le téléphone blanc ne sonna plus jamais.

Le pouvoir portait en lui sa propre malédiction. C'était écrit ; en pénétrant à l'Élysée après vingt ans d'attente, Jacques Chirac y introduisait avec lui une cohorte de fantômes : ceux qui, depuis 1977, hantaient la mairie de Paris, témoins des petits et des grands secrets de la plus grande collectivité française, État dans l'État qu'il érigea en ville-témoin de ses capacités politiques – « Ce que nous avons fait pour Paris, nous le ferons pour la France », proclamait un slogan du RPR – et dont il utilisa sans retenue la puissance et les ressources pour financer son ascension. Des marchés de l'office

1. *Le Figaro Magazine*, 18 novembre 2000.

HLM de la capitale à ceux de la région Île-de-France, des chargés de mission introuvables aux faux électeurs, des salaires des permanents du RPR aux voyages payés en argent liquide, nombre d'enquêtes judiciaires ont mis en lumière, depuis, le fonctionnement d'un système dont l'Hôtel de Ville était le cœur et auquel il fournit à la fois la logistique, la protection et les moyens – humains comme financiers. Prises une à une, toutes ces affaires dévoilent l'envers d'un décor : derrière la politique du logement dans la capitale, l'importance des prébendes et des commissions occultes ; la pratique institutionnalisée des emplois fictifs pour atténuer les aléas de la vie politique et compenser la désaffection des partis ; l'utilisation des fonds publics à des fins privées comme symptôme de la personnalisation du pouvoir.

Un « système », donc. Le mot avait été utilisé par Jacques Chirac lui-même, dans le dernier entretien qu'il accorda avant son élection, alors qu'on l'interrogeait sur les dégâts causés à la vie démocratique par la répétition des scandales : « La corruption, disait-il alors, doit être combattue avec la plus grande énergie. La justice doit suivre son cours et disposer d'une parfaite indépendance. Mais si les Français sont parfois conduits à juger avec sévérité les responsables politiques dans leur ensemble, ils se déclarent aussi très attachés à leur maire ou à leur député, dont ils ont tendance à faire des exceptions. Cela signifie que, en réalité, c'est le système et non les hommes qui est en cause[1]. » Derrière le plaidoyer moral et l'intention vertueuse s'ébauchait, en fait, une ligne de défense : une distinction purement dialectique, déplorant les dérives d'une organisation pour mieux occulter l'engagement des individus, sous la responsabilité de quelques-uns et l'autorité d'un seul. Comme si l'appareil chiraquien, uniforme et impalpable, était une machine qui tournait mécaniquement, sans que personne ne veille à sa bonne marche ni n'actionne les commandes. En 1990, confrontés à de semblables tourments après la découverte de contributions occultes au financement de la campagne de François Mitterrand, les dirigeants socialistes s'étaient retranchés derrière les mêmes faux-semblants : « Urba c'est Urba, le PS c'est le PS ! » lançait le trésorier du parti, Henri Emmanuelli, alors qu'il n'était un mystère pour personne que le bureau d'études Urbatechnic, fondé en 1971 par des lieutenants de Pierre Mauroy et de François Mitterrand, était étroitement lié au parti d'Épinay. Une fois découvert, le « système » Urba, avec ce qu'il révélait de pratiques inavouables vouées à l'alimentation des caisses politiques, contribua au discrédit des socialistes ; nombre d'élus en perdirent leurs mandats, plusieurs ministres abîmèrent leur carrière et les dirigeants d'Urba se virent infliger de sévères condamnations. Mais jamais le président qu'ils

1. *Le Monde*, 6 mai 1995.

avaient contribué à porter jusqu'à l'Élysée ne fut officiellement mis en cause, ni *a fortiori* inquiété. Comme si les exactions commises au service de la conquête, légitimées par la victoire, s'effaçaient d'elles-mêmes par l'effet d'une amnistie immanente. Comme si, dans la course présidentielle, les moyens étaient justifiés par la fin.

En son printemps triomphant, c'est ce sortilège présidentiel qu'invoquait implicitement Jacques Chirac en pointant « le système » plutôt que « les hommes » – aussi vrai qu'on ne saurait demander des comptes à une machine. La campagne fut, certes, agitée par les scandales bien plus qu'aucune bataille pour l'Élysée ne l'avait été auparavant. Mais une fois ouvertes les portes de la présidence, chacun pouvait penser que les dossiers seraient vite refermés. Il existe, chez les politiques français, cette conviction largement répandue que rien ne doit contredire le suffrage universel, pas même la justice. Fort du choix d'une majorité de citoyens, l'élu deviendrait une sorte de personnage intouchable, à qui l'on ne saurait en tout cas reprocher les procédés du candidat, fussent-ils hors la loi. Soulignant l'effet pervers d'un raisonnement aussi simpliste, le politologue Yves Mény a montré comment l'invocation des grands principes conduit insensiblement au pire : « Les partis sont indispensables à la démocratie ; pour jouer leur rôle, il leur faut aujourd'hui beaucoup d'argent ; faute de ressources, ils doivent recourir aux moyens disponibles, même illégaux, pour parvenir à une solution jugée bonne en finalité. S'installe ainsi un climat propice à toutes les déviations, de la petite à la grande corruption[1]. »

C'est cela aussi qu'avait mis en évidence l'affaire Urba. Parce qu'ils voulaient pouvoir lutter à armes égales avec les partis de droite, massivement soutenus, dans les années 1970, par le grand patronat, les socialistes avaient constitué un réseau de financement s'appuyant sur les municipalités qu'ils contrôlaient. Pour y obtenir des marchés publics, les entreprises devaient s'adjoindre les services du bureau d'études du PS, moyennant une commission sur le montant des contrats. Collecté localement, l'argent de ce racket généralisé alimentait une caisse nationale, d'où il était redistribué aux fédérations et aux candidats en fonction des besoins. À partir du succès de la gauche aux élections municipales de 1977, le système acquit une dimension quasi industrielle, qui contribua sans conteste à l'alternance de 1981.

1977, c'est aussi l'année de l'élection de Jacques Chirac à la mairie de Paris. Un an plus tôt, jeune Premier ministre de Valéry Giscard d'Estaing, il avait claqué la porte de Matignon, portant un premier coup à la suprématie présidentielle, fondement du régime conçu en 1958 par le général de Gaulle, dont il se voulait pourtant le légataire. « Je ne dis-

---

1. Yves Mény, *La Corruption de la République*, Fayard, 1992.

pose pas des moyens que j'estime nécessaires pour assumer efficacement les fonctions de Premier ministre et, dans ces conditions, j'ai décidé d'y mettre fin », disait sèchement son communiqué de départ. D'un même élan, il fondait le RPR, balayant les réticences du vieux parti gaulliste pour disposer d'un mouvement à sa main qui deviendrait la première force de la majorité. La bataille de Paris fut le troisième acte de cette stratégie. Entré en lice contre le candidat du Président – Michel d'Ornano, alors ministre de l'Industrie et giscardien de stricte obédience –, Chirac briguait autant un symbole qu'un fortin. Depuis Étienne Marcel, l'histoire a retenu que le maître de Paris a vocation à s'affronter au pouvoir central. En 1358, le prévôt des marchands avait profité de la captivité de Jean le Bon, prisonnier des Anglais, pour faire assassiner ses maréchaux sous les yeux du Dauphin. Dans l'un des salons de l'Hôtel de Ville, une fresque rappelle ce précédent : elle montre Étienne Marcel coiffant de force le jeune prince du bonnet bleu et rouge aux couleurs de la ville, en signe de domination. Sous la Révolution, Lescot, quoique ami de Robespierre, s'est dressé, lui, contre la Convention, lançant ce mot fameux : « Quand le gouvernement viole les droits du Peuple, l'insurrection est le plus sacré des droits et le plus indispensable des devoirs. » Il fut guillotiné. Et après le soulèvement sanglant de la Commune, en 1871, l'Hôtel de Ville, incendié, fut reconstruit mais la capitale, privée du droit d'élire son maire – sanction qui s'appliquera durant plus d'un siècle, jusqu'à la réforme du statut de Paris et l'avènement de Chirac.

En relevant cette tradition rebelle, le nouveau maire s'offrait aussi les moyens de conquêtes futures. Même rebaptisé RPR, le parti gaulliste n'était plus ce qu'il avait été : les militants désertaient et les barons, méfiants, gardaient pour eux leur magot. En quittant Matignon, Chirac s'était en outre privé de la mainmise sur les fonds secrets, qui, depuis les débuts de la Ve République, constituaient la source principale de financement du mouvement. Son nouveau fief lui apporterait bien davantage. Désormais, « il dispose à la fois d'un statut qui en fait un personnage de premier plan dans la République et d'un tremplin pour développer son action politique, en termes d'audience et de moyens en hommes, en influence, en argent[1] », résume clairement l'historien Serge Bernstein. Aux commandes de la capitale, le voici en effet à la tête d'une troupe de 36 000 fonctionnaires et d'un budget de 7 milliards de francs, dont plusieurs centaines de millions pouvaient être distribués à discrétion sous la forme d'allocations, de primes et subventions diverses. De quoi entretenir des réseaux, dispenser des faveurs et financer ses bonnes œuvres. Seuls les hôpitaux, la police et les permis de construire échappaient à sa tutelle

---

1. Serge Bernstein, *Histoire du gaullisme*, Perrin, 2001.

– punition qu'il devait à Valéry Giscard d'Estaing : quand il comprit que l'élection de Jacques Chirac était acquise, le président de la République avait fait corriger les décrets d'application du nouveau statut de Paris dans un sens plus restrictif que prévu... Mais il restait les marchés d'équipement, le logement social, les services publics, les relations avec les entreprises ; sans compter le recrutement du personnel, par la municipalité elle-même et ses nombreux satellites, associations et sociétés d'économie mixte : autant de domaines où la décision a un prix ; autant d'espaces où peuvent s'imposer le clientélisme, le favoritisme et la corruption. Autant de tiroirs qu'il suffirait, un jour, d'ouvrir pour qu'apparaissent les rouages de cette machine à s'emparer du pouvoir.

Avant que le « système » n'atteigne son but, sa vigueur tenait à son évidence. Loin d'être cachées, la mainmise sur une ville et la cause qu'elle servait s'offraient à tous les regards, telle la *Lettre volée* d'Edgar Poe. La capitale était vue comme l'antichambre du pouvoir et les raisons de son importance dans le dispositif chiraquien se devinaient sans peine[1]. Mais une fois le maire de Paris parvenu au faîte de l'État, cette force devint une faiblesse et l'utilisation méthodique de la puissance munici-

---

1. *Cf.* Hervé Liffran, *Les Paris de Chirac*, Ramsay, 1988, ouvrage très documenté sur la politique municipale chiraquienne et ses arrière-pensées, paru à la veille de l'élection présidentielle de 1988, alors que Jacques Chirac terminait son deuxième mandat à l'Hôtel de Ville.

pale au service d'un dessein présidentiel prit, *a posteriori*, l'allure d'un péché originel.

Ainsi la légitimité élyséenne était-elle, en quelque sorte, affectée d'un vice de conception qui en minait, dès l'origine, les fondements. « La France, a dit l'historien anglais Philip Williams, est la terre d'élection du scandale politique[1]. » Sous la Vᵉ République, tous les présidents ont eu à souffrir de cette tradition nationale, au risque de voir leur réputation flétrie. Mais les compromissions du gaullisme immobilier, symptôme de l'affairisme qui prospérait en marge du redressement économique, n'avaient perturbé les règnes du général de Gaulle et de Georges Pompidou qu'en cours d'exercice. Plus tard, l'affaire des diamants, qui trahissait la dérive monarchique de la pratique présidentielle, n'atteignit Valéry Giscard d'Estaing qu'au terme de son mandat ; de même, les scandales financiers qui révélaient les atermoiements de la gauche face aux tentations du monde de l'argent – fausses factures et délits d'initiés – ne survinrent qu'après la réélection de François Mitterrand.

Jacques Chirac, lui, ne connut pas de répit. Dès son entrée à l'Élysée, la malédiction était sur lui – et les juges sur ses talons. Aux premières heures de sa présidence, la menace perçait déjà sous l'état de grâce.

1. Philip Williams, *La Vie politique sous la IVᵉ République*, Armand Colin, 1971.

II

Le juge et les Atrides

*On fait la guerre quand on veut ;
on la termine quand on peut.*
Machiavel

Les affaires d'État ne débutent jamais en fanfare. Le plus souvent, elles commencent petitement, à la suite d'une coïncidence, d'une promesse oubliée ou d'un détail négligé. Puis elles grandissent jusqu'à échapper à tout contrôle. Imprégnés de culture jacobine et de réflexes hiérarchiques, les politiques français voient toujours dans ces dérèglements la manifestation de quelque vendetta souterraine, l'expression d'une volonté diabolique attachée à la perte de tel ou tel. Ils n'ont pas toujours tort. Mais cette vision fantasmatique trahit surtout la piètre considération que leur inspire la justice. Ils la tiennent non pour un pouvoir, à peine pour une « autorité » – le terme inscrit dans la Constitution –, essentiellement pour un instrument : une machine qu'on met en marche et qu'on arrête en pressant sur le bon bouton. En paraphrasant Clausewitz, ils pourraient dire que la justice n'est rien que la continuation de la politique par d'autres moyens. C'est pourquoi, lorsqu'un scandale lui colle aux chausses, l'élu se voit toujours en victime davantage qu'en suspect – et *a fortiori* plutôt qu'en coupable : il cherche moins à savoir si on peut lui reprocher quelque chose qu'à identifier celui de ses ennemis qui l'a dénoncé ; et ceux de ses amis qui n'ont pas volé à son secours.

Jacques Chirac a été formé à cette école. En 1968, il comptait parmi les familiers de Georges Pompidou lorsque celui-ci, exilé par de Gaulle et attendant l'heure de la relève, fut sali par la rumeur de l'affaire Markovic. La découverte du cadavre de ce jeune Yougoslave, ancien garde du corps et confident d'Alain Delon, alimentait une campagne d'insinuations mêlant truands, barbouzes et membres de la jet set dans un sordide roman noir ; de prétendus témoins et autres sources « bien informées » assuraient que Pompidou et son épouse fréquentaient ce milieu interlope dans des soirées libertines, que des clichés compromettants circulaient sous le manteau et que Markovic avait été tué parce qu'il menaçait de parler. Tout était faux, bien sûr, et les photos avaient été truquées par des demi-solde issus des services secrets. Mais pendant des semaines, le nom de l'ancien Premier ministre avait figuré dans le dossier judiciaire sans qu'il en fût avisé par ceux qui, au sommet de l'État, l'y avaient lu : Maurice Couve de Murville, son successeur à Matignon ; Roger Frey, le ministre de l'Intérieur ; René Capitant, le garde des Sceaux – et de Gaulle lui-même, qui avait prêté l'oreille à ces médisances sans se laisser gagner par la colère. Pour Pompidou, ce mutisme cachait – mal – la rancune des barons et leur désir de lui barrer la voie de la succession. « Rien ne sera pardonné », s'était-il juré. La liste de ceux qui lui avaient manqué, glissée dans un maroquin, ne quittait plus sa poche. Et, en janvier 1969, au cours d'un voyage à Rome, il se déclara prêt à briguer la fonction suprême à la première occasion, quitte à paraître impatient. Cette annonce qui l'installait en recours, sinon en rival du Général, accélérait l'ouverture de la succession. Pompidou tenait sa vengeance.

Une fois à l'Élysée, c'est son Premier ministre, Jacques Chaban-Delmas, qui eut à subir les effets de révélations en cascade sur sa situation fiscale. Durant quatre ans, grâce à des placements judicieux, il n'avait pas payé l'impôt sur le revenu. La révélation, par *Le Canard enchaîné*, de cette martingale – légale mais symboliquement dévastatrice – faucha en plein élan l'inventeur de la « nouvelle société ». Les regards se tournèrent aussitôt vers Valéry Giscard d'Estaing. Ministre des Finances et rival putatif de Chaban, il faisait un coupable vraisemblable : sa fonction lui offrait les moyens de ce méfait, son ambition lui donnait un mobile. L'Élysée lui avait, certes, adjoint un jeune secrétaire d'État au Budget

47

censé le surveiller : Jacques Chirac, à qui incombait la tutelle sur les services fiscaux. Mais l'espion était vite passé à l'ennemi jusqu'à rallier, en 1974, la candidature de Giscard. Chaban défait, ses partisans n'ont jamais remisé leurs soupçons. Pour nombre d'entre eux, la divulgation malveillante de sa feuille d'impôts annonçait la trahison à venir.

Vingt ans après, alors que l'entreprenant secrétaire d'État de Pompidou s'est élancé pour la troisième fois dans la course présidentielle, c'est une autre enquête fiscale qui va le compromettre. Et cette seule similitude suffit à le convaincre de l'existence d'un complot.

C'est le 19 novembre 1993 que tout a vraiment commencé. Ce jour-là, un chef d'entreprise du Val-de-Marne nommé Francis Poullain reçoit la visite de trois agents de la direction nationale d'enquêtes fiscales (DNEF), qui viennent fouiller son appartement. Depuis près de deux ans, les sociétés de son groupe, spécialisées dans l'entretien, le ravalement et la peinture d'immeubles, refusent aux Impôts la communication des factures justifiant leurs abondantes recettes, avec cette seule réponse : « Eu égard au caractère confidentiel des documents demandés, nous ne souhaitons pas en assurer la diffusion. » Sur place, l'entrepreneur ne se montre pas plus conciliant. Ancien gardien de la paix à la carrure imposante, Poullain fut moniteur de tir et garde du corps d'André Malraux, avant de faire fortune dans le bâtiment. Son carnet d'adresses ressemble à un bottin politique et mondain. Sûr de son fait, il refuse d'ouvrir son coffre, s'emporte, menace et en vient aux mains avec les enquêteurs du fisc, avant de quitter les lieux en invoquant ses relations haut placées. Dans leur compte rendu, les agents de la DNEF consignent que « M. Poullain a proféré des menaces à peine voilées sur la confidentialité des informations » et précisent qu'il « s'est présenté comme un gaulliste militant » – ce qui signifie, dans le style édulcoré d'un rapport administratif, qu'il leur a reproché d'avoir mis les pieds où il ne fallait pas.

Cette tentative d'intimidation ne provoque pas l'inhibition recherchée. Le 20 janvier 1994, le sous-directeur des services fiscaux dénonce au procureur de Créteil des « infractions économiques » attribuées aux sociétés du groupe Poullain. La note jointe à son courrier recense certains bureaux d'études en relation avec lui, dont le chiffre d'affaires paraît suspect. Plusieurs sont dirigés par le promoteur parisien Jean-Claude Méry. Dans le dossier ouvert au ministère de la Justice par la Direction des affaires criminelles, une première note interne fait état de suspicions de « financement occulte » ; une mention manuscrite – non signée – ouvre deux pistes distinctes : « RPR ou francs-maçons ? » Le 9 février, le parquet de Créteil ouvre une information judiciaire pour « infraction à la législation sur la facturation ». Le lendemain, l'instruction est confiée à un jeune juge aux airs d'étudiant, qui n'a pas encore fait parler de lui et n'est pas sûr d'en avoir très envie : Éric Halphen. Un substitut du procureur lui a dit : « Tu vas voir, c'est un dossier marrant. » Au ministère de la Justice, les factures de Méry évoquent des attributions de marchés par l'office HLM de Paris, le bien nommé OPAC[1], où l'homme d'affaires avait ses entrées. Pied-noir hâbleur et volubile, ce grand gaillard au ventre rebondi, qui fume le havane et voyage en avion privé, évolue à la confluence du gaullisme et de la franc-maçonnerie – de sorte que les pistes évoquées sur la note de la chancellerie n'en forment peut-être qu'une. Entré en 1987 au comité central du RPR pour suivre les questions relatives au logement, il a tissé un réseau de correspondants, d'informateurs et d'obligés qui assurent la réussite de son commerce et lui valent ce surnom, qui flatte sa mégalomanie et dit son influence : « Méry de Paris ». Tout en lui rappelle l'Aristide Saccard de *La Curée*, décrit par Zola comme un personnage avide d'argent à la réussite précaire, « digne enfant de l'Hôtel de Ville » dans le Paris du Second Empire : « Il avait eu la rapidité de transformation, la fièvre de jouissance, l'aveuglement de dépenses qui secouait Paris. À ce moment, comme la Ville, il se trouvait en face d'un formidable déficit qu'il s'agissait de combler secrètement ; car il ne voulait pas entendre parler de sagesse, d'économie, d'existence calme et bourgeoise. Il pré-

1. Office public d'aménagement et de construction.

férait garder le luxe inutile et la misère réelle de ces voies nouvelles, d'où il avait tiré sa colossale fortune de chaque matin mangée chaque soir. D'aventure en aventure, il n'avait plus que la façade dorée d'un capital absent. À cette heure de folie chaude, Paris lui-même n'engageait pas son avenir avec plus d'emportement et n'allait pas plus droit à toutes les sottises et à toutes les duperies financières. La liquidation menaçait d'être terrible [1]. »

Passé les premières vérifications policières, l'affaire prend corps durant l'été 1994. Le 4 août, dix jours après s'être marié en grande pompe au restaurant du Pré Catelan, en présence de Bernadette Chirac et devant un parterre d'élus et de notables, Poullain est mis en examen et écroué. Le 14 septembre, *Le Canard enchaîné* explique, dans un long article, comment un petit juge de Créteil est tombé, sans le savoir, sur une « filière d'argent du RPR ». L'hebdomadaire évoque le contexte de l'élection présidentielle toute proche et le conflit ouvert qu'elle suscite entre les partisans de Jacques Chirac et ceux d'Édouard Balladur. L'article cite même ce propos ambigu de Poullain, qui vient d'être remis en liberté : « C'est Chirac qui est visé à travers moi. » Méry est également mentionné, présenté comme un « collecteur de fonds » du parti gaulliste. Devant les journalistes du *Canard*, le promoteur s'est lui aussi montré menaçant : « Que les gens de la

---

1. Émile Zola, *La Curée*, Le Seuil, coll. « L'École des lettres », 1992, p. 248.

mairie qui disent du mal de moi se regardent d'abord dans un miroir et viennent ensuite me le dire en face ! » a-t-il lancé. Semblables déclarations sonnent aux oreilles du juge Halphen comme un défi. Le 21 septembre, le journal ajoute une précision : en 1992, les services fiscaux s'étaient intéressés aux comptes de Méry à propos d'une opération immobilière lancée à Port-Vendres, petite localité côtière proche de Perpignan. Cela revient à indiquer au juge la piste à suivre. Le 27 septembre, Éric Halphen demande à la direction nationale des vérifications des situations fiscales la communication du dossier du promoteur. Le 29, Méry est à son tour mis en examen et emprisonné. La nouvelle fait souffler un vent de panique à l'Hôtel de Ville.

Les chiraquiens connaissent leurs classiques. Dans l'histoire des luttes internes au mouvement gaulliste, l'axe constitué par les services fiscaux et *Le Canard enchaîné* a déjà montré, on l'a vu, son efficacité. Qu'importe que l'hebdomadaire ait toujours eu ses entrées à la mairie de Paris et qu'il s'alimente aux sources les plus variées – et pas toujours les moins désintéressées[1]. Puisque le ministre du

---

1. Dans un livre paru en novembre 1995, dans lequel ils racontent leurs enquêtes sur l'affaire des HLM de Paris et le financement du RPR, les journalistes du *Canard enchaîné* Alain Guédé et Hervé Liffran ont révélé avoir été informés par une source qu'ils baptisent « Sherwood », pseudonyme sous lequel se cachait, écrivent-ils, un « élu du RPR » ayant « la réputation d'être l'un des meilleurs experts de l'Hémicycle en matière de logement ». Ce « vieux gaulliste encore

Budget s'appelle alors Nicolas Sarkozy, qu'il a été le premier à militer pour une candidature de Balladur et qu'il fait pour ainsi dire office de directeur de campagne, beaucoup voient en lui le suspect numéro un. Ce que Giscard a fait à Chaban – peut-être avec l'aide de Chirac –, Sarkozy est-il en train de le refaire ?

Le contexte peut le laisser penser. La rivalité entre les deux camps a déclenché une véritable guerre au sein du RPR, où s'aiguisent les appétits et sortent les couteaux. Les Atrides de la droite affichent sans retenue leurs haines réciproques. Ils sont prêts à tous les coups bas, à toutes les intimidations. Contraint de quitter le gouvernement à cause de l'enquête sur le financement du Parti républicain, qu'il dirige, Gérard Longuet, engagé au côté de Balladur, a même lancé, dans les colonnes du *Républicain Lorrain*, un avertissement explicite : « On risque d'entendre parler, en ce qui concerne la Ville de Paris, d'affaires concernant les années 1991-1992 [1]... »

imprégné des idéaux de la Résistance » avait cru, expliquaient-ils, « que, mâtiné d'une forte dose de social, le libéralisme immobilier permettrait de donner un toit à chaque Français ». Ce parlementaire, en qui certains initiés ont cru reconnaître l'ancien secrétaire d'État au logement Robert-André Vivien, s'était engagé à « communiquer régulièrement indications et pistes » aux journalistes, promettant de les rencontrer « chaque fois que cela serait nécessaire ». Robert-André Vivien est décédé le 8 mai 1995, soit quelques jours après l'élection de Jacques Chirac à la présidence de la République. *Cf.* Alain Guédé et Hervé Liffran, *La Razzia*, Stock, 1995.

1. *Le Républicain Lorrain*, 15 octobre 1994.

La chronologie aussi éveille les soupçons. Car si le contrôle des sociétés du groupe Poullain, comme l'enquête sur les bureaux d'études de Jean-Claude Méry, a été initié en 1992, quand le ministre du Budget était le socialiste Michel Charasse, la transmission à la justice des découvertes du fisc a bien été décidée, elle, au début de 1994, soit sous l'autorité de son successeur. Et en pleine connaissance de cause : la « cellule fiscale », petit groupe de fonctionnaires chargés d'examiner les dossiers les plus délicats au sein du cabinet du ministre, n'avait pas omis de souligner, dans une note confidentielle, les attaches de Poullain dans la capitale et dans les Hauts-de-Seine – le département de Nicolas Sarkozy. Mais la brutalité de l'entrepreneur et son refus de coopérer rendaient impossible toute transaction avec le Trésor public. En outre, même si les affinités politiques de Poullain ne pouvaient lui être inconnues – c'est sa société qui a repeint le siège du RPR ! –, Sarkozy ne pouvait guère deviner jusqu'où une enquête judiciaire le mènerait. C'étaient deux raisons valables pour laisser le dossier dans les mains des juges.

Il n'empêche : ce feu vert pèsera lourd dans la dégradation des relations entre Chirac et Sarkozy. Désignant son ancien lieutenant, le futur président de la République l'accuse alors d'avoir « dépassé la ligne jaune » : « Il me cherche des poux dans la tête, lance le fisc à mes trousses et arrose les journaux de dossiers contre moi[1] », s'indigne-t-il devant Franz-Olivier Giesbert. À quoi l'intéressé répond : « Ce n'est pas ma conception de la politique et puis, au départ, ça semblait être une petite affaire de rien du tout. Comment pouvait-on savoir tout ce qu'il y avait derrière[2] ? »

Interrogation faussement naïve. Car, à cette date, les impôts détiennent en réalité des informations autrement explosives que celles qui ont été communiquées au juge Halphen – et celui-ci en ignore tout. Depuis le mois de janvier 1993, soit près d'un an avant la visite du fisc chez Francis Poullain, la brigade interrégionale d'intervention (BII) de Marseille détient les preuves matérielles du rôle clandestin joué par Jean-Claude Méry dans l'attribution des marchés publics de l'office HLM de Paris. Compétents pour enquêter dans tout le sud de la France, les agents de ce service ont reconstitué, à partir des honoraires perçus par l'homme d'affaires à Port-Vendres, un vaste réseau de fausse facturation qui les a conduits tout droit à Paris. Lors d'une perquisition dans les bureaux de Méry, sur les quais de la Seine, le 4 décembre 1992, ils ont retrouvé les télécopies que les dirigeants de l'OPAC lui envoyaient pour l'informer secrètement du choix des entreprises pour les chantiers à venir.

1. Franz-Olivier Giesbert, *La Tragédie du Président, scènes de la vie politique, 1986-2006*, Flammarion, 2006. Entretien avec Jacques Chirac daté par l'auteur du 31 mars 1995.
2. *Ibid.*

« C'est manifestement sur la base de ces informations transmises par l'OPAC de la ville de Paris que M. Méry contacte les entreprises futures attributaires avant qu'elles n'en soient officiellement avisées », écrivent alors les enquêteurs du fisc dans leur rapport. Pointant le caractère fictif des « conventions d'assistance » en vertu desquelles le promoteur percevait ses honoraires, ils concluent à l'existence de « présomptions concordantes permettant de penser que l'activité de M. Méry s'apparente davantage au trafic d'influence qu'à la fourniture d'assistance et de consultations commerciales [1] ».

Ce document accablant, auquel sont annexées de nombreuses pièces saisies chez Méry, l'antenne marseillaise l'expédie à sa direction nationale le 3 mai 1993. De là, le rapport est transmis à la direction nationale des vérifications des situations fiscales (DNVSF), directement subordonnée à la direction générale des impôts (DGI). Sa teneur est alors nécessairement portée à la connaissance du ministre : Nicolas Sarkozy est arrivé à Bercy le 29 mars 1993 et son cabinet, comme tous ceux qui l'ont précédé, surveille les procédures fiscales sensibles. Le 17 août, la DNVSF, persuadée que la piste est prometteuse, demande l'autorisation d'élargir le contrôle à l'ensemble des activités de Méry. Elle ne recevra une

---

1. Fiche d'exploitation fiscale de Jean-Claude Méry, 1993. Archives de l'auteur.

réponse favorable qu'un an plus tard, le 15 juillet 1994. Entre-temps, la concurrence entre balladuriens et chiraquiens a tourné à la guerre. C'est peut-être pourquoi on a subitement, en haut lieu, décidé de ressortir ce dossier oublié.

Le 23 septembre suivant, quand le collecteur de fonds du RPR reçoit un nouvel « avis de vérification », il se ronge déjà les sangs. Six jours plus tard, il sera conduit en prison.

Le juge, à cet instant, ignore toujours que les preuves qui lui font défaut ont déjà été trouvées par d'autres. Méry, lui, réagit comme s'il l'avait oublié : ses premiers interrogatoires sont laconiques. Il nie tout, ses interventions auprès de l'OPAC comme ses contributions en faveur du parti.

Ce n'est que le 14 décembre 1994 que la chance sourit au magistrat. L'inspectrice chargée de l'enquête fiscale sur Méry, croyant trouver au tribunal de Créteil de quoi compléter sa propre procédure, vend involontairement la mèche : elle lui apprend l'existence du rapport archivé à Bercy, que la direction des impôts a, curieusement, négligé de lui remettre. Au passage, elle lui confie que le dossier fiscal du promoteur « n'était pas complet » lorsqu'elle s'en est saisie. À Marseille, les policiers dépêchés le jour même par le juge Halphen découvriront une chemise intitulée « Méry, solde des photocopies inutilisées ». Mais le chef de la brigade locale jurera ses grands dieux que l'intégralité des documents avait été envoyée à la direction, au printemps 1993. Il faut croire qu'ils s'étaient perdus. Et nul ne sait si tout a été retrouvé.

Muni de ces trouvailles inattendues, le juge de Créteil peut dès lors monter à l'assaut de la citadelle chiraquienne. Après l'épisode trouble de l'affaire Schuller-Maréchal[1], dont il est sorti très affecté, il n'a d'ailleurs plus d'autre choix : il a été dessaisi de toutes les ramifications de son enquête qui partaient vers les Hauts-de-Seine. Tous ses chemins mènent désormais à Paris. Dans le coffre de Méry, les agents du fisc ont découvert de grandes enveloppes en papier kraft, sur lesquelles des initiales étaient inscrites et qui contenaient des liasses de billets. Deux ans plus tard, les policiers dépêchés dans ses bureaux par le juge Halphen, en ont trouvé bien d'autres, elles aussi affublées d'initiales, mais vides. Pressée de questions, la secrétaire du promoteur a expliqué qu'elles devaient servir à distribuer des sommes d'argent en espèces à diverses personna-

1. Le 20 décembre 1994, le beau-père du magistrat, Jean-Pierre Maréchal, avait été interpellé à l'aéroport de Roissy au moment où il se faisait remettre un sac contenant un million de francs en espèces par le conseiller général (RPR) des Hauts-de-Seine Didier Schuller. Selon l'élu, proche de Charles Pasqua, cette somme devait rémunérer l'intervention de M. Maréchal auprès de son gendre afin qu'il détourne ses recherches. Le Conseil supérieur de la magistrature, puis la cour d'appel de Paris ont conclu à l'existence d'une « manipulation » visant à compromettre le juge Halphen à travers un membre de sa famille, afin d'obtenir son dessaisissement. La procédure suivie contre M. Maréchal a été annulée.

lités. Parmi les bénéficiaires habituels des faveurs de Méry, elle désigne Michel Roussin.

Cette accusation confère subitement au dossier la dimension que redoutait, depuis des mois, l'entourage du futur président de la République : devenu ministre de la Coopération du gouvernement Balladur, cet ancien colonel de gendarmerie issu des services secrets est présenté comme le gardien des plus lourds secrets de la chiraquie ; mais surtout, il a rallié la campagne du Premier ministre contre celle du chef du RPR. Chirac l'a vécu comme une trahison personnelle. À la fin de 1993, à la veille de son passage au « Grand Jury RTL-*Le Monde* », il l'avait convoqué à l'Hôtel de Ville pour exiger de lui un soutien explicite à sa candidature.

« Michel, vous trouverez un moyen de dire, pendant l'émission, que c'est moi et moi seul que vous soutenez.

– C'est impossible, monsieur le maire. Imaginez la réaction du Premier ministre. J'appartiens à son gouvernement.

– Vous n'avez pas de colonne vertébrale. Vous êtes comme les autres. Sortez de ce bureau. »

Le 12 novembre 1994, meurtri, Roussin démissionne du gouvernement, deux jours avant sa mise en examen pour « recel d'abus de biens sociaux »[1]. Rétrospectivement, sa défection devient alors une menace pour les chiraquiens. Si l'on excepte

---

1. Il obtiendra un non-lieu le 15 décembre 1995.

Jacques Foccart, homme de l'ombre et figure du gaullisme, préposé par le Général aux tâches les plus discrètes et parfois les plus troubles[1], jamais conseiller du pouvoir n'a autant que lui évolué entre l'ombre et le jour, alternant ou cumulant attributions officielles et missions secrètes, connaissant de l'État l'envers aussi bien que l'endroit.

Chez Roussin, ce double registre est comme une vocation. Jeune officier de gendarmerie, il effectuait déjà des missions de renseignement durant la guerre d'Algérie. Né au Maroc, il connaissait le monde arabe et était diplômé des Langues Orientales – et l'on sait, dans les services secrets, qu'on peut parler les langues et néanmoins tenir la sienne. Au long de ses carrières entrecroisées d'espion, de soldat, de fonctionnaire et de politique, il ne s'est pas départi de sa jovialité ni de sa réserve, conjuguées avec aisance dans un personnage de raconteur d'histoires, drôle et volubile, mais sachant toujours où s'arrêter. Commandant militaire de Matignon sous Jacques Chaban-Delmas puis sous Pierre Messmer, il y était en même temps chargé du suivi des « services ». C'est là qu'il rencontra un jeune ministre aux dents longues nommé Chirac, dont l'ascension sera aussi la sienne : conseiller du Premier ministre en 1974, chef de cabinet en 1986, directeur de cabinet à la mairie de Paris en 1988,

1. *Cf.* Pierre Péan, *L'Homme de l'ombre*, Fayard, 1990, et Jacques Foccart, *Dans les bottes du Général, journal de l'Élysée*, trois tomes, Fayard/Jeune Afrique, 1998 et 1999.

député puis ministre en 1993. Durant toutes ces années, ses rares infidélités – pour diriger le cabinet d'Alexandre de Marenches, chef historique de l'espionnage français, ou pour conseiller le président de la Compagnie générale des eaux, Guy Dejouany – reçurent toujours l'aval de Jacques Chirac[1]. Jusqu'à sa nomination au gouvernement Balladur, qui lui fut annoncée en personne par le maire de Paris. C'était avant que la bataille présidentielle ne coupe le RPR en deux et que de ce gouffre surgissent les « affaires ».

Dans le dossier hérité du fisc, Halphen n'a pas trouvé que des enveloppes. Il a aussi déniché les références d'un compte à Amsterdam, sur lequel Méry a tiré un chèque de deux millions de francs pour régler... un arriéré d'impôts. De là, il remonte jusqu'à un autre compte, ouvert à Genève au nom d'une société-écran immatriculée au Panama. Le promoteur y entreposait le fruit de ses opérations les plus juteuses. « Nous savions que Méry était membre de l'appareil du RPR. Il avait probablement besoin de cette société pour faire du financement politique. C'est ce qu'il nous a dit », expliquera le financier suisse qui administrait ce compte. En 1992, la Lyonnaise des eaux avait ainsi versé près de cinq millions de francs de commis-

---

1. *Cf.* Michel Roussin, *Le Gendarme de Chirac*, Albin Michel, 2006.

sions occultes à Méry, en règlement de son intervention pour l'obtention d'une part du contrat de maintenance des ascenseurs dans les immeubles HLM de Paris. Régulièrement, sur un simple signal téléphonique, d'importants retraits d'espèces étaient effectués sur le compte. « M. Maurice va passer », prévenait simplement Méry. De discrets intermédiaires munis d'un mot de passe se présentaient ensuite à la banque et repartaient avec les fonds, de sorte que la destination finale de l'argent était inconnue – ou du moins, impossible à établir. Devant le juge Halphen, nombre de fonctionnaires et de chefs d'entreprise en parleront comme d'un secret de Polichinelle. « Il était de notoriété publique sur la place de Paris que Méry récoltait de l'argent à l'occasion des marchés de l'OPAC et que cet argent allait au RPR », assurait l'un des directeurs de l'office HLM. Le P-DG d'une société de travaux publics confirmait : « Cela paraissait évident, puisque la Ville de Paris était tenue par le RPR. »

Encore fallait-il en apporter la preuve. Le juge la cherchera dix ans.

III

L'état de siège

Dans un exercice aussi périlleux que la guerre, les erreurs dues à la bonté d'âme sont précisément les pires.

Clausewitz

« Il paraît que tu veux ouvrir sur Casetta ? »

Le lundi 1er juillet 1996, le procureur de Nanterre, Yves Bot, reçoit un appel de la chancellerie. C'est Alexandre Benmakhlouf, le directeur du cabinet de Jacques Toubon – alors garde des Sceaux – qui vient aux nouvelles. Il y a urgence : il vient d'apprendre, par ses services, l'ouverture imminente d'une information judiciaire visant Louise-Yvonne Casetta et, à travers elle, le parti du Président.

« Je ne peux pas ne pas ouvrir. Il y a des éléments. C'est la seule solution technique acceptable, explique Bot à Benmakhlouf.

– Ça ne va pas passer...

– Auprès du ministre ? Je suis prêt à venir le lui expliquer s'il le faut. »

Les faits sont simples mais le sujet sensible : à l'été 1995, une lettre anonyme avait dénoncé au juge Halphen la prise en charge de deux secrétaires du RPR par la société Charpentiers de Paris, habituée des appels d'offres sur les marchés de la capitale. Ces recrutements fictifs, disait le courrier, avaient été effectués sur l'intervention de l'intendante du parti, Louise-Yvonne Casetta. Le magistrat rêvait justement d'une revanche : le 3 juillet 1995, il avait déboulé par surprise au siège du RPR parce que, précisément, il espérait y surprendre celle que *Le Canard enchaîné* surnommait avec insistance « la Cassette » et désignait à sa curiosité ; mais il avait trouvé les bureaux déserts et les armoires vides.

« Du secrétaire général à l'adjointe du directeur financier, en passant bien sûr par le trésorier, tous avaient été prévenus[1] », racontera une employée du mouvement. « Mme Casetta est en déplacement », avait-on répondu au juge. En fait, ses supérieurs l'avaient priée de se mettre « au vert ». Convoquée le 7 juillet, celle-ci avait laconiquement répondu aux questions, sans rien lâcher qui puisse faire avancer l'enquête. La lettre de dénonciation était arrivée quelques jours plus tard. Le juge Halphen

1. Armelle Benassy dans le livre de son époux, Jean-Claude Laumond, ancien chauffeur de Jacques Chirac, *Vingt-cinq ans avec lui*, Ramsay, 2001.

demanda donc l'élargissement de son instruction à ces accusations nouvelles, mais cela lui fut refusé. La chancellerie et le procureur de Créteil avaient conclu un accord : le siège social de l'entreprise mise en cause étant situé dans les Hauts-de-Seine, c'était le parquet de Nanterre qui en serait chargé. L'argument territorial était légitime, mais la vraie raison était ailleurs : empêcher Halphen de transformer son dossier de fausses factures en une compilation des affaires du RPR.

Au mois d'octobre, à Nanterre, la fameuse lettre fut confiée à la brigade financière, chargée d'en vérifier la teneur. Sur la réquisition adressée aux policiers, le substitut avait écrit : « Me tenir personnellement et régulièrement informé du résultat de vos diligences avant toute audition de Mme Casetta » – preuve que le dossier était suivi de près. Neuf mois plus tard, le coup de fil de la chancellerie au procureur atteste qu'il l'est toujours.

Le 2 juillet 1996, une réunion se tient au ministère, place Vendôme. Yves Bot est prié de s'expliquer. Dans le bureau du directeur de cabinet, il retrouve le directeur des affaires criminelles, François Faletti, et le conseiller du Premier ministre – Alain Juppé – pour la Justice, Jean-Claude Antonetti. Entre les quatre magistrats, qui se connaissent de longue date, la discussion est tendue. Benmakhlouf invoque des « instructions » de Toubon pour s'opposer à la désignation d'un juge dans cette affaire ; Antonetti, lui, brandit carrément le « veto » de Matignon. Il présente le dispositif qui a été arrêté en concertation avec la direction du RPR : convoquée par la police, Louise-Yvonne Casetta a reconnu les faits ; on la fera directement citer à comparaître devant le tribunal correctionnel, où elle écopera d'une condamnation légère – quelques mois de prison avec sursis et une amende, que le parti acquittera pour elle – et l'affaire s'arrêtera là sans que jamais un juge d'instruction n'en soit saisi.

Scénario idéal que perturbent toutefois les premiers éléments du dossier. Car si le 6 juin 1996, lors de son audition, l'intéressée a bien affirmé avoir agi « à [son] entière initiative » et sans en avoir « jamais parlé à quiconque au sein du mouvement », expliquant que son rôle au siège du RPR, rue de Lille, faisait d'elle « le prospecteur du parti » auprès des entreprises, les deux secrétaires désignées par la lettre anonyme, elles, sont allées au-delà. La première a indiqué avoir appris de la bouche du directeur financier du mouvement et non de Louise-Yvonne Casetta qu'elle serait rémunérée par une société. La seconde a précisé qu'après les Charpentiers de Paris, elle avait été salariée par une filiale du groupe Bouygues, toujours pour travailler au siège du RPR, et que bien d'autres employés étaient dans le même cas. C'est pourquoi, explique Yves Bot, l'enquête ne peut s'en tenir là. Face à l'insistance de ses interlocuteurs, il s'obstine et finit par lancer, blême, cet avertissement : « Mon poste est à la disposition du ministre. Proposez-m'en un autre et je libère la place dans les quinze jours. Vous pourrez faire ce que vous voulez. » Benmakhlouf s'incline : « D'accord, on ouvre. Mais on fait le maximum pour éviter les débordements. Dans le fond, c'est aux politiques de régler ça entre eux... » Furieux, Antonetti sort en claquant la porte.

Le mercredi 3 juillet 1996, le procureur Bot rédige à la main, sur un formulaire standard, le « réquisitoire introductif » qui marque l'ouverture de l'information judiciaire tant redoutée. La suite montrera que les craintes de la chancellerie étaient fondées.

« Ouvrir », dans le jargon des magistrats, cela veut dire confier l'enquête à un juge d'instruction, dont le statut garantit l'indépendance et qui disposera librement des pouvoirs que lui donne la loi – perquisitions, mises en examen, placement en détention provisoire[1]. Dans une affaire sensible, c'est toujours prendre un risque : celui de perdre le contrôle des événements. Le procureur, lui, est

---

1. Issue de la loi du 15 juin 2000, dite « loi Guigou », la réforme du Code de procédure pénale instaurant le juge des libertés et de la détention, seul habilité à ordonner l'incarcération d'un suspect mis en examen, n'est entrée en vigueur qu'au 1er janvier 2001. En vertu de ce texte, le juge d'instruction n'a gardé que le pouvoir de saisir ce magistrat, lorsqu'il estime que la mise en détention est nécessaire à la poursuite de son enquête.

hiérarchiquement soumis au ministère de la Justice – même si nul ne peut, en théorie, lui interdire d'engager des poursuites quand il estime que des infractions ont été commises. En 1993, à la tête du parquet du Mans, Yves Bot avait fait la preuve de son autonomie en ouvrant l'instruction sur la fortune de Roger-Patrice Pelat, l'homme d'affaires ami de François Mitterrand ; menée par le juge Thierry Jean-Pierre, l'enquête avait entraîné la mise en cause du Premier ministre, Pierre Bérégovoy, qui avait été l'une des causes de son suicide[1]. Juriste avisé et volontiers caustique, le procureur ne faisait alors pas mystère du soutien – technique et moral – qu'il apportait au juge d'instruction. Il ne cachait pas non plus que ses sympathies politiques allaient à la droite parlementaire. Au point qu'après le changement de majorité, le ministre de la Justice, Pierre Méhaignerie, se heurta au refus catégorique de François Mitterrand lorsqu'il proposa sa nomination à la direction des affaires criminelles et des grâces – le poste le plus stratégique de la chancellerie, d'où est exercée la tutelle du ministère sur les parquets. Il le fit alors entrer à son cabinet, où Bot

---

1. Chef du gouvernement d'avril 1992 à mars 1993, Pierre Bérégovoy s'était vu consentir par Roger-Patrice Pelat un prêt d'un million de francs sans intérêt afin d'acheter un appartement à Paris. La révélation de cette faveur émanant d'un homme compromis dans plusieurs affaires financières l'avait meurtri, contribuant à le plonger dans un état dépressif qui le conduisit au suicide, le 1er mai 1993. *Cf.* Charles Villeneuve, *Les Liaisons dangereuses de Pierre Bérégovoy*, Plon 1993.

œuvra à une réforme décisive : la légalisation des « instructions ministérielles » dans certains dossiers, à la condition qu'elles soient écrites et versées à la procédure[1].

Après l'élection de Chirac à l'Élysée, c'est ce magistrat cabochard que Jacques Toubon a nommé procureur à Nanterre, passant outre l'avis défavorable du Conseil supérieur de la magistrature[2]. Aussi voit-il dans son refus d'obtempérer sur le dossier Casetta la marque d'une ingratitude qui le blesse.

Toubon est sans état d'âme. Mameluk du Président, il avait rêvé de lui succéder à l'Hôtel de Ville pour régner sur la capitale à la façon d'un baron, sinon d'un dauphin. Mais Chirac lui a dit : « J'ai besoin de vous à la Justice », et il a gagné la place Vendôme sans rechigner, avec l'enthousiasme et la bonne foi qui caractérisent cet éternel optimiste aux yeux d'enfant. Sans doute n'avait-il pas mesuré tous les dangers de la fonction : quand le péril judiciaire menace le Président et son parti, le ministre de la Justice devient tout à la fois l'apporteur de mauvaises nouvelles et l'avocat du pouvoir – le garde des Sceaux se fait garde du corps. Bientôt, Toubon va revivre le cauchemar qui brisa, quelques années auparavant, la carrière d'Henri Nallet. Promu à

---

1. Cette disposition est fixée par l'article 36 du Code de procédure pénale, issu de la loi du 4 janvier 1993.
2. En matière de nominations de magistrats du ministère public, les avis du CSM sont facultatifs ; il est rare cependant qu'ils ne soient pas suivis par le gouvernement.

la chancellerie après avoir été le trésorier de la campagne de Mitterrand, celui-ci s'était trouvé pris en porte-à-faux, en 1990, lorsqu'il avait dû s'opposer à l'ouverture d'une information judiciaire sur l'affaire Urba[1]. Outre son dévouement, l'implication personnelle de Nallet était, pour le président socialiste, la plus solide des garanties : laisser aller les juges, c'était se sacrifier lui-même...

Aussitôt installé à la chancellerie, Toubon connaît les mêmes inquiétudes. N'a-t-il pas été aux avant-postes de toutes les conquêtes chiraquiennes ? N'est-il pas maire du XIIIe arrondissement de Paris, arraché de haute lutte à la gauche parce que Chirac le lui avait demandé ? N'a-t-il pas été, aussi, secrétaire général du RPR ? Pour ces raisons-là, et pour tant d'autres, il fera vigilance. À peine nommé, il commande à l'un de ses conseillers, Dominique Matagrin, une étude sur « la responsabilité de l'État et de ses dirigeants ». Le 22 juin 1995, la note est sur son bureau. Longue de vingt-neuf pages, elle affirme, en préambule à de longs développements moraux et philosophiques,

---

1. Après avoir longtemps nié toute motivation politique dans l'instruction donnée au parquet de Marseille de classer l'affaire Urba, puis l'avoir justifiée pour des raisons techniques dans son livre *Tempête sur la justice*, Stock, 1992, Henri Nallet a finalement regretté cette décision, déclarant dans *Le Monde* du 16 janvier 1998 : « De nombreux juristes, y compris à la chancellerie, soutenaient que l'exécutif avait le droit, pour protéger l'État, de donner un tel ordre à un procureur, indiquait-il. Après bien des discussions, ce fut une décision collective que j'ai assumée. »

que la « responsabilité complètement hors norme » du président de la République a peut-être fait son temps. « La question se pose de l'étendue de cette irresponsabilité de principe, écrit le magistrat. Ne doit-on pas l'exclure, logiquement, pour les actes antérieurs à la prise de pouvoir[1] ? » Si tel était le cas, poursuit-il, « il faudrait admettre, au moins en théorie, la possibilité d'action contre lui – ce qui pourrait, le cas échéant, être considéré comme une hypothèse d'empêchement ».

Méchamment surnommé « Pinochet » à cause d'imposantes lunettes aux verres fumés qui lui cachent les yeux, mais aussi de ses penchants prononcés pour une justice plus répressive, Matagrin est une figure de la droite judiciaire, mais aussi un libre-penseur qui ne craint pas de déplaire : il creuse la question et pond une seconde note, le 27 octobre suivant, dont l'objet suffit à faire frémir : « Possibilité juridique de poursuites contre un président de la République[2] ». Sous cet intitulé ravageur, il s'attache en fait à dresser, sur cinq pages, l'inventaire des arguments juridiques et constitutionnels susceptibles d'être invoqués pour empêcher ou retarder la mise en cause d'un chef de l'État en exercice.

---

1. « Note à l'attention de M. le garde des Sceaux », Dominique Matagrin, 22 juin 1995. Archives de l'auteur.
2. « Note à l'attention de M. le garde des Sceaux », Dominique Matagrin, 27 octobre 1995. Archives de l'auteur.

« Il n'est pas discutable, écrit-il, que le principe de séparation s'applique aux "pouvoirs publics constitutionnels" et donc aux relations entre le chef de l'État d'une part, et l'"autorité judiciaire" d'autre part. Dans ces conditions, la "séparation" étant le droit commun, la possibilité d'y porter atteinte (et notamment par le biais d'un acte de poursuite) fait figure d'exception et doit être expressément prévue et organisée par un texte, conformément aux principes les plus élémentaires de l'État de droit. » Or, précise-t-il, « rien n'a été prévu s'agissant du Président » et « ce silence des textes doit être nécessairement considéré comme intentionnel : il signifie le refus de toute atteinte de ce genre à la séparation s'agissant du Président ».

Conclusion : « Il doit être clair, en conséquence, que les textes ne permettent pas, tant qu'un président est à son poste, de faire échec à la séparation des pouvoirs à son égard. »

L'étude va plus loin : elle recense les moyens légaux qui seraient offerts aux procureurs pour allonger les délais et instaurer des « barrages procéduraux » si d'aventure des poursuites étaient néanmoins lancées contre le chef de l'État. Dans le cas d'une plainte déposée par un citoyen, le conseiller de Toubon suggère que le procureur demande l'audition du plaignant afin de l'inviter « à justifier les textes en vertu desquels il se croirait autorisé à exercer une telle poursuite », de façon à « lui donner en même temps une possibilité d'échapper au ridicule en retirant sa plainte ». « En tout état de cause, ajoute-t-il, les textes n'imposent pas de délai au procureur pour prendre des réquisitions. Celui-ci pourrait donc prendre un temps suffisant pour s'entourer des avis et expertises techniques utiles et peut-être permettre au plaignant de mieux mesurer l'inanité de sa démarche... »

Ces documents alarmistes sont-ils parvenus jusqu'à l'Élysée ? Nul ne le sait. Tout en multipliant les protestations de neutralité – « Je ne suis pas le ministre des "affaires" ! » lance-t-il aux journalistes –, Jacques Toubon s'emploie, en tout cas, à endiguer le flot. Le 4 août 1995, il écrit à son homologue suisse pour déplorer l'usage grandissant des échanges directs entre juges de part et d'autre des Alpes. Dans les enquêtes financières, cette pratique permet aux magistrats de contourner la voie diplomatique, dont les lenteurs permettent aux détenteurs de fonds suspects d'intenter des recours qui bloquent la transmission des informations. Le juge Halphen est de ceux-là. Il devra patienter près d'un an pour recevoir officiellement les vérifications qu'il demandait sur les commissions perçues à Genève par Jean-Claude Méry.

Dans l'intervalle, tout est fait pour l'empêcher d'ouvrir de nouveaux fronts. Privé du droit d'enquêter sur le rôle de Louise-Yvonne Casetta au RPR, le juge de Créteil se voit aussi interdire d'ajouter un volet corrézien à son dossier parisien.

Au mois de février, il avait effectué, en pleine campagne présidentielle, une incursion remarquée sur la terre d'élection du futur président de la République. À Tulle, il avait alors recueilli les confidences maladroites d'un permanent du RPR local qui disait être « rémunéré par la Ville de Paris sous couvert d'un contrat de chargé de mission auprès du maire de Paris ». Cela pouvait assurément relever du détournement de fonds publics. Son procès-verbal sera transmis au parquet de Paris, où il sera promptement classé sans suite.

À ces agissements discrets s'ajoutent des décisions plus voyantes. Le 27 juin 1996, la police judiciaire refuse d'accompagner le juge Halphen pour perquisitionner au domicile de Jean Tiberi. La décision, notifiée aux enquêteurs devant la porte de l'appartement du maire par un coup de téléphone de leur supérieur, a été prise par le directeur de la PJ parisienne, Olivier Foll, après discussions avec le ministre de l'Intérieur, Jean-Louis Debré, et le préfet de police, Philippe Massoni. Le matin, le juge avait donné rendez-vous aux enquêteurs dans le Ve arrondissement de Paris, sans leur dire précisément où il comptait se rendre. Une heure avant son arrivée, le préfet Massoni avait passé un coup de téléphone amical à Jean Tiberi : dans la conversation, il glissait incidemment que le magistrat de Créteil se rendait ce jour-là dans son arrondissement, mais qu'il n'en savait pas davantage...

Au mois d'octobre suivant, la chancellerie et l'Intérieur s'accordent pour dépêcher un hélicoptère dans l'Himalaya, où le procureur d'Évry, Laurent Davenas, fait de l'alpinisme. Objectif de la mission : obtenir du magistrat la confirmation écrite de sa consigne proscrivant l'ouverture d'une information judiciaire contre le couple Tiberi – car à peine était-il parti pour le Népal que son adjoint s'était mis en tête de lancer des poursuites... La facture de l'opération héliportée fut acquittée grâce aux fonds secrets du gouvernement.

Le pouvoir de nomination présidentiel permet de parfaire le dispositif. Durant l'interview rituelle du 14 juillet, Jacques Chirac se déclare préoccupé par l'indépendance des magistrats : « Tant que j'occuperai mes fonctions, la justice passera de la même façon pour tous ». Puis il ajoute, plus ambigu : « Je n'accepterai pas que la justice soit monopolisée par telle ou telle tendance ». Suit une remarque dont le double sens passe, dans l'instant, inaperçu : « Jusqu'ici, je n'ai eu aucun problème avec la justice. » Moins de deux semaines après, Alexandre Benmakhlouf quitte le cabinet de Toubon pour devenir procureur général de Paris. Ancien conseiller de Chirac à l'Hôtel de Ville, il pourra surveiller l'évolution des dossiers, sinon intervenir sur leur cours. Son prédécesseur à ce poste, Jean-François Burgelin, est nommé procureur général près la Cour de cassation. Jadis directeur du cabinet d'Albin Chalandon sous le gouvernement Chirac de 1986, ce haut magistrat avait prononcé plusieurs diatribes publiques contre les « excès » des juges d'instruction. Porté au plus haut rang du ministère public, il pourra désormais faire valoir ce point de vue devant la haute juridiction, chaque fois que celle-ci sera saisie de requêtes en annulation dans les procédures impliquant le RPR et la Ville de Paris – recours dont, à l'avenir, les hommes du Président superviseront parfois directement la préparation, pour peu qu'ils servent l'objectif qui leur a été fixé : sauver le Premier ministre.

L'obsession judiciaire rejoint ici la nécessité politique. Depuis les grandes grèves de l'hiver 1995, Alain Juppé glisse sur la pente de l'impopularité. Chirac lui a, certes, confié tous les commandements : du gouvernement, de la majorité, du parti, et même de la politique à mener, puisqu'il consent à laisser le Premier ministre enterrer une à une ses principales promesses électorales. Très vite, chiffres en main, Juppé l'a convaincu de remiser, au moins pour un temps, la promesse de réduire la « fracture sociale » – ce serment qui fit un thème de campagne si fructueux – pour lui permettre de s'atteler à la réduction des déficits, condition *sine qua non* du passage programmé à l'euro. Mais cet *aggiornamento* qui ne dit pas son nom condamne le Premier ministre à jouer seul les pères Fouettard. L'effort de rigueur qu'il préconise s'ajoutant à sa raideur naturelle, il ne tarde pas à ressembler à sa caricature : un ordinateur qui jamais n'hésite ni ne reconnaît une erreur. « Droit dans mes bottes », a-t-il dit, dans un rictus, quand il s'est trouvé mis en cause à propos de son appartement et de celui de son fils, loués à un prix avantageux à la Ville de Paris, dont il était l'adjoint chargé des finances[1]. L'expression lui colle à la peau. Elle ressemble à la protestation d'orgueil d'un général que l'ennemi aurait pris par traîtrise – autrement dit : elle annonce la défaite.

Tous les témoins de l'époque le racontent : coupé de l'opinion, indifférent aux alarmes des élus, miné par l'opprobre, Juppé semble alors marcher vers l'échafaud. À l'automne 1996, il a, certes, offert à Chirac de partir. Mais le Président a répondu : « Ce serait injuste pour vous et idiot pour moi. Je n'ai pas de solution de rechange[2]. » Ainsi est née l'idée d'une dissolution, comme le choix de l'indécision.

---

1. Au mois de juin 1995, soit un mois après son installation à Matignon, *Le Canard enchaîné* révélait qu'Alain Juppé occupait, dans le VIᵉ arrondissement de Paris, un appartement issu du domaine privé de la Ville de Paris à un loyer sensiblement inférieur au prix du marché. Un document annoté de sa main attestait en outre qu'il avait personnellement imposé une baisse du loyer de son fils, locataire d'un appartement du même statut. Saisi par une association de contribuables, le procureur de Paris, Bruno Cotte, avait diligenté une série de « vérifications » pour finalement estimer, le 12 octobre, que la situation du Premier ministre constituait le délit de « prise illégale d'intérêts » tout en renonçant à le poursuivre à la condition que celui-ci quitte l'appartement. Alain Juppé avait annoncé, une semaine plus tôt, son intention de s'installer à Matignon.
2. Propos rapporté par Alain Juppé à Nicolas Domenach et Maurice Szafran, in *Le Miraculé*, Plon, 2000.

Dans l'ordonnancement institutionnel de la Vᵉ République, le Premier ministre est censé être le chef de la majorité parlementaire ; lorsque celle-ci coïncide avec la majorité présidentielle, il a pour mission de mettre en œuvre les orientations fixées par le chef de l'État. Mais le cas de Juppé fait exception. Au Parlement, la majorité n'est pas la sienne : elle s'était largement ralliée à Balladur, dont les fidèles – François Léotard, Charles Pasqua, Nicolas Sarkozy – ont été tenus à l'écart de son gouvernement. Quant au projet chiraquien, il lui a résolument tourné le dos. En abîmant sa réputation d'intransigeance, les « affaires » ont fait le reste : elles ont achevé de dissoudre sa légitimité. Dominique de Villepin, déjà, y voit la marque d'un complot, dont il croit connaître les auteurs : « Ce n'est pas la gauche qui les sort, mais des officines de la majorité. Depuis la victoire, Juppé et moi n'avons pas cessé de batailler contre les petits intérêts – les réseaux, les influences – contre ces marchands du temple qui défendent leur petit bout de bifteck [1]. »

Aussi, en dissolvant l'Assemblée nationale, Chirac pense-t-il rétablir un équilibre. C'est le contraire qui va se produire.

Au début de 1997, sentant l'orage qui menace, les orthodoxes du gaullisme défilent à l'Élysée pour le dissuader. Bernard Pons, Philippe Séguin, Pierre

---

1. Cité par Nicolas Domenach et Maurice Szafran, in *Le Miraculé*, *op. cit.*, p. 80.

Mazeaud : tous lui rappellent ses propres arguments, exposés le 14 juillet précédent : « La dissolution n'a jamais été faite, dans notre Constitution, pour la convenance du président de la République. Elle a été faite pour trancher une crise politique. Il n'y a pas aujourd'hui – il n'y avait pas, au lendemain de mon élection – une crise politique. Donc la dissolution aurait été – permettez-moi le terme – une sorte de "combine" tout à fait contraire à l'esprit de nos institutions. Je suis respectueux de nos institutions, je vous l'ai dit pour la justice, et vous aurez souvent l'occasion de le constater. Ce n'est pas mon confort personnel qui est en cause, c'est l'esprit même de la démocratie. » Arguments de circonstance dont la solennité s'est volatilisée depuis. Quand Pierre Mazeaud, juriste d'expérience et vieux compagnon qui n'a pas la langue dans sa poche, invoque les mannes constitutionnelles, Chirac fait à peine mine de l'écouter : « Tu triches avec l'esprit des institutions, lui lance Mazeaud, rouge de colère. C'est une honte. Je ne sais pas ce qui me retient de te foutre mon poing sur la gueule ! »

En 1962, de Gaulle avait dissous l'Assemblée qui venait de renverser Pompidou pour protester contre le projet de référendum destiné à instaurer l'élection du président de la République au suffrage universel direct. Il arbitrait ainsi un conflit ouvert entre les députés et lui. En mai 1968, il en avait appelé au peuple pour trancher un affrontement avec la rue. Élu en 1981, puis en 1988, Mitterrand n'avait pas voulu gouverner avec une majorité hostile ; c'est pourquoi il avait, lui aussi, choisi de dissoudre. Mais en 1974, à l'inverse, Valéry Giscard d'Estaing avait gardé la majorité en place, composée de gaullistes et de libéraux, dans l'espoir d'une recomposition. Il l'avait fait contre l'insistance de son Premier ministre, Jacques Chirac, qui réclamait avec force le renvoi des députés devant les urnes et qui, faute de l'obtenir, avait préféré s'en aller. Avec le recul, Giscard expliqua, plus tard, que sa résolution était le choix de la raison et – visant clairement Chirac – que les recommandations qui lui étaient dispensées à l'époque auraient conduit sa majorité à l'échec : « Si la France avait eu un chef d'État agité, il aurait écouté les conseils qu'on lui a donnés en 1975, 1976, 1977, de dissoudre l'Assemblée nationale, ce qui eût été un geste d'agitation, et tous les historiens politiques font apparaître que si j'avais écouté ces conseils et si j'avais dissous l'Assemblée nationale, l'opposition était sûre de gagner, car jamais vous n'auriez fait comprendre à l'opinion française qu'il fallait qu'elle réélise la même majorité. Elle en aurait élu une autre [1]. »

Jugé à l'aune de ces précédents, le passage à l'acte de 1997 apparaît donc comme une double trahison institutionnelle : conçue pour résoudre une crise entre le président de la République et le Parlement [2],

---

1. Entretien télévisé de Valéry Giscard d'Estaing, 19 avril 1979, cité par Philippe Lavaux, in *Destins du présidentialisme*, PUF, 2002.
2. *Cf.* André Cabanis et Michel Louis Martin, *La Dissolution parlementaire à la française*, Presses de Sciences-Po, 2001.

la dissolution ne servit, cette fois, qu'à trancher un divorce entre le Premier ministre et les Français. En affichant son désir de maintenir Alain Juppé à son poste, malgré l'isolement et la disgrâce, Jacques Chirac avait exprimé sa préférence – et cela lui paraissait suffisant. « Au risque de vous surprendre », dit-il à la télévision en commençant son annonce ; puis : « Je considère, en conscience, que l'intérêt du pays commande d'anticiper les élections. »

C'était un 21 avril, date funeste dans l'histoire de la présidence chiraquienne.

Après la défaite [1], le Président prit simplement acte d'un vote qui, sur le fond, ne changeait rien pour lui, puisqu'il rejetait une politique qui n'avait jamais été la sienne. Ce qu'Alain Juppé confirma, à l'issue de son dernier Conseil des ministres, dans un hommage au Président qu'il se rendait aussi à lui-même, et qui en disait long sur la réalité du rapport de pouvoir entre les deux hommes : « Chaque fois que je pensais devoir rester ferme, sur une idée qui n'était pas la vôtre au départ, vous m'avez toujours soutenu de manière inébranlable [2]. » Comment mieux dire, dès lors, que le Premier ministre devait porter seul la responsabilité de l'échec ?

1. Au second tour de scrutin, le 1er juin 1997, la gauche recueillit 48,36 % des suffrages exprimés et 319 députés, soit la majorité de l'Assemblée. La droite n'obtenait que 256 élus.
2. Déclaration au Conseil des ministres du 28 mai 1997, rapportée par Alain Lamassoure, porte-parole du gouvernement. *Cf. Le Monde*, 30 mai 1997.

La mine sévère, Juppé traversa la cour de Matignon jusqu'à sa voiture en se frayant un chemin au milieu d'une cohue de photographes. Se tournant vers ses gardes du corps, il lança :

« Je n'ai pas besoin d'être protégé ! »

IV

Les hommes du Président

*Un chef est responsable de tout ce qui se fait sous
ses ordres. Peu importe qu'il n'ait pas eu lui-même
l'initiative de chaque décision, qu'il n'ait pas connu
chaque action. Parce qu'il est le chef et a accepté
de l'être, il lui appartient de prendre à son compte,
dans le mal comme dans le bien, les résultats.*
                                Marc Bloch, *L'Étrange Défaite.*

Bonaparte disait : « Donnez-moi dix hommes et
je tiens l'État. » Au lendemain de la dissolution
catastrophe de juin 1997, il n'en reste guère plus à
Jacques Chirac. Une escouade de fidèles, retranchés
à l'Élysée comme derrière des remparts. Mais il
n'est plus question, pour ceux-là, que de tenir tout
court. Non que l'ensemble du pouvoir ait été capté
par le nouveau Premier ministre, Lionel Jospin, et
sa « majorité plurielle » – constituée avec les
communistes, les radicaux et les Verts. Mais l'histoire a déjà montré, par deux fois – de 1986 à 1988,

puis de 1993 à 1995 –, que la cohabitation avec un Premier ministre adversaire ne fait pas du président de la République un roi fainéant ni un prince consort. C'est même l'un des paradoxes du présidentialisme français : rien ne met mieux en évidence la nature profonde du régime qu'une défaite du chef de l'État aux élections législatives. Vaincu dans les urnes, il se mue en chef de l'opposition mais continue de camper au sommet du pouvoir. De là, il peut conjuguer à son gré l'usage des instruments régaliens qu'il tient de la Constitution et la liberté de parole qu'autorise sa position d'opposant. Il reste officiellement responsable de tout mais n'est plus, dans les faits, responsable de rien – ou presque.

« Je ne resterai pas inerte », avait ainsi promis François Mitterrand, inaugurant en 1986 la première expérience cohabitationniste – avec Jacques Chirac à Matignon. Onze années ont passé et c'est au tour du fondateur du RPR de partager, contraint et forcé, la conduite de l'État avec son rival. Affichant ses intentions, il invoque, le 14 juillet 1997, « une prééminence » que lui conférerait la Constitution pour donner « le dernier mot au président de la République » dans « quelques domaines essentiels » dont la liste inclut, peu ou prou, l'ensemble des activités gouvernementales, hormis l'économie[1]. Aussi

1. Dans sa déclaration télévisée, il mentionne « tout ce qui touche à la place de la France dans le monde, c'est-à-dire non seulement naturellement son rang, non seulement sa sécurité et sa défense et la défense de ses intérêts, mais aussi ses parts de marché » ; « tout ce qui concerne l'acquis

ambitieuse soit-elle, sa déclaration d'intention n'abuse guère. Dans ce combat qui ne dit pas encore son nom, Chirac part affecté d'un triple handicap. D'abord, il a lui-même provoqué le désastre électoral qui a été fatal à son camp, de sorte que son crédit personnel est nettement entamé. Ensuite, ce désaveu ne peut être imputé à l'usure classique que produit l'exercice présidentiel : il ne siégeait à l'Élysée que depuis deux petites années... Le troisième point découle du précédent : alors que les cohabitations précédentes avaient constitué des périodes de transition de deux ans dans l'attente du scrutin présidentiel, le chef de l'État est cette fois condamné pour cinq ans à partager son autorité avec son principal contempteur – si bien que son septennat si longtemps attendu est réduit des deux tiers. Chirac avait promis une « présidence modeste » ; il a inventé, malgré lui, la présidence atrophiée.

Conscient du rapport de force, Jospin réplique deux jours plus tard en citant, à la table du Conseil des ministres, l'article 20 de la Constitution, en vertu duquel « le gouvernement détermine et conduit la politique de la Nation » et affirme : « Il n'y a pas de domaine de la vie politique où le président de la République aurait le dernier

européen » ; « tout ce qui touche à la modernisation [...] et notamment dans le domaine de l'enseignement et de la recherche » et enfin « tout ce qui touche à l'équilibre de notre société : sa protection sociale, ses acquis sociaux, sa cohésion sociale, tout ce qui touche à la solidarité ».

mot[1]. » La leçon de droit ne pêche que sur un point : les nominations dans la haute administration, dans l'armée, la justice, à la tête des principaux offices, sociétés nationales, services et établissements publics, restent l'apanage du président de la République. En 1985, à l'approche d'une première cohabitation annoncée, François Mitterrand avait même étendu par décret la liste des emplois dits « présidentiels »[2]. Il pressentait que dans la période qui allait s'ouvrir, la capacité de promouvoir ou de démettre lui garantirait bien des fidélités.

Après l'échec de la dissolution, Chirac, isolé en son château, peut en penser tout autant.

Au lendemain de la débâcle, un sujet continue de tarauder particulièrement les hommes de l'Élysée : les dossiers judiciaires en cours qui concernent le RPR. Dans les premiers mois de la cohabitation avec Jospin, plusieurs collaborateurs du Président l'ont entendu émettre ce sombre pronostic : « Ils vont nous harceler. » Le secrétaire général de l'Élysée, Dominique de Villepin, en est spécialement convaincu. Sous son impulsion, le palais présidentiel va se transformer en fortin.

Énarque au style fougueux, passionné d'histoire napoléonienne, le nouvel homme fort de la chira-

---

1. Déclaration au Conseil des ministres du 16 juillet 1997, rapportée par Catherine Trautmann, porte-parole du gouvernement. *Cf. Le Monde*, 18 juillet 1997.
2. Décret du 6 août 1985.

quie n'a pas encore accédé à la notoriété. Pour l'heure, il se complaît encore dans l'ombre, d'où il observe avec une gourmandise un peu malsaine le jeu politicien, scrutant ses arrière-salles, sondant ses arrière-pensées. Lui aussi est sorti éclopé de la dissolution. Auprès du Président, il fut de ceux qui poussaient le plus fort pour une accélération du calendrier électoral, tant domine chez ce diplomate de formation le goût de la vitesse et de l'action. Il crut même jusqu'au bout à la victoire : à deux semaines du scrutin, il préparait avec Maurice Gourdault-Montagne, le directeur du cabinet de Juppé, le discours que le Premier ministre prononcerait une fois reconduit à Matignon... Mais une fois la bataille perdue, il lui reste une guerre à gagner. « La garde meurt mais ne se rend pas », pourrait être son mot d'ordre. Plus prosaïquement, la troupe élyséenne l'a entendu fixer cette consigne : « On pose les sacs de sable, on se couche derrière et on tire dès qu'on peut. »

« Vous êtes encore là, vous ? » lui a pourtant lancé, perfide, Bernadette Chirac dans un couloir du palais. L'épouse du Président l'a surnommé « Néron », en référence à l'empereur romain qui, comme lui, était épris de poésie et qui fit incendier Rome pour trouver l'inspiration. Comme elle, nombre de familiers du chef de l'État – grands patrons, élus et vieux compagnons – ont désigné Dominique de Villepin comme le principal responsable du feu qui laisse la majorité en ruine et ont recommandé son bannissement.

Mais en dépit des conseils unanimes, Chirac l'a gardé auprès de lui. Et cette confiance renouvelée envers et contre tous n'a fait qu'accroître le prestige nimbé de mystère de l'entreprenant secrétaire général. En fait, la clé de son omniprésence réside dans cette ambivalence : auprès du chef de l'État, il est à la fois celui qui inquiète et celui qui rassure ; le guetteur qui sonne le tocsin et le soldat qui conduit la charge – un mélange de Fouché et de Murat, intrigant et sabreur.

Aussi fait-il son miel des « affaires » qui menacent l'Élysée. Pour cela, il a converti sa position en tour de contrôle d'où il veut tout savoir, tout entendre, tout prévoir. Avec lui, le siège de l'État est en état de siège. Car il se veut l'homme des crises à dénouer et des complots à déjouer – quitte à en imaginer davantage qu'il n'y en a. En cette matière, il a fait ses preuves. Durant la campagne présidentielle, à l'automne 1994, c'est lui qui a organisé la contre-attaque des chiraquiens face aux premières tentatives de déstabilisation. Quand *Le Monde* a fait état d'une importante plus-value réalisée sur la vente au port autonome de Paris de terrains en bord de Seine hérités de la famille de Bernadette Chirac[1], il a pris l'affaire en main, allant jusqu'à convoquer l'intéressée en exigeant d'elle « tous les documents », sur un ton auquel elle n'était guère habituée. L'épouse du Président en gardera un souvenir amer.

1. « M. et Mme Chirac ont tiré profit d'une vente de terrains au port de Paris », *Le Monde*, 31 mars 1995.

À cette occasion, Villepin a introduit dans le dispositif élyséen un avocat de ses amis, Francis Szpiner, dont il goûte autant la culture que le sens tactique. Le communiqué de réplique à l'article du *Monde*, rédigé à quatre mains, constitua l'acte inaugural d'une longue coopération. Petit homme plein de malice et de relations, passionné d'histoire et de politique, Szpiner jure sa fidélité à de Gaulle et à Mendès France mais fréquentait déjà l'Élysée sous François Mitterrand, dont il défendit, naguère, plusieurs affidés – de Christian Nucci, ministre indélicat de l'affaire Carrefour du développement, à Bernard Tapie et à Christian Prouteau, chef de la fameuse « cellule antiterroriste » de la présidence de la République. Lorsqu'il intègre le cercle chiraquien, peu nombreux sont ceux qui savent comment il démina, un an auparavant, un dossier embarrassant pour Alain Juppé. Alors ministre des Affaires étrangères du gouvernement Balladur, le maire de Bordeaux – dont le cabinet était dirigé par Dominique de Villepin – était mis en cause par un industriel lyonnais poursuivi pour fausses factures, Robert Bourachot. Dirigeant d'une filiale de la Lyonnaise des eaux, celui-ci menaçait de porter des accusations contre l'ancien patron de ce groupe, Jérôme Monod, qui est aussi l'un des plus anciens et plus proches conseillers de Jacques Chirac, ainsi qu'à l'encontre d'Alain Juppé. À l'approche de son procès, il remercia brutalement son conseil et fit appel à Francis Szpiner pour le défendre. L'audience se déroula sans vague et, après sa condamnation

– légère –, le patron lyonnais ne fit plus jamais parler de lui. Le rôle de l'avocat fut encore déterminant dans la fuite de Didier Schuller : après le fiasco de l'interpellation du beau-père du juge Halphen[1], le conseiller général (RPR), suspecté d'avoir perçu des commissions sur certains marchés dans les Hauts-de-Seine, s'exila subitement avant Noël 1994 pour se cacher aux Bahamas. C'était son vieil ami Szpiner qui lui avait donné ce conseil – sans rien lui dire de ses liens avec l'entourage du candidat Chirac. Le départ de Schuller, qui sonnait comme l'aveu des turpitudes en vigueur dans le fief de Charles Pasqua, porta un coup sévère à la campagne d'Édouard Balladur.

Fort de tels états de service, l'avocat tient une place éminente dans la cellule de veille animée par Villepin. Il y apporte sa science des rouages de la procédure pénale et ses réseaux personnels – dans les palais de justice et chez les journalistes. S'y ajoutent les membres de l'ancienne équipe d'Alain Juppé : outre Gourdault-Montagne, le secrétaire général a récupéré le magistrat Jean-Claude Antonetti, qui suivait les affaires judiciaires à Matignon et a emporté ses dossiers avec lui, et le préfet Jean-Michel Roulet, ancien conseiller de Robert Pandraud et spécialiste des dossiers policiers, que l'on a recasé au secrétariat général de la Défense nationale (SGDN) – place idéale pour un homme du renseignement au service de l'Élysée. Plusieurs hauts

1. *Cf.* chapitre II, p. 58.

fonctionnaires du Trésor, de la police et des services secrets font office de correspondants réguliers, informant le petit cercle de ce qui se trame ou de ce qui se cache dans les ministères, afin de pouvoir l'anticiper ou le répandre. D'autres avocats sont régulièrement sollicités : Thierry Herzog, pénaliste malicieux et expérimenté – qui est aussi le défenseur des Tiberi – et Jacques Vergès, qui assiste Louise-Yvonne Casetta dans ses difficultés judiciaires et dont on n'oublie pas, à la présidence, qu'il a signé, en 1995, un appel de personnalités en faveur de Jacques Chirac.

Parfois, Dominique de Villepin ne répugne pas à jouer en personne les agents de renseignements : au printemps 1998, grâce à une relation commune, il tient une entrevue discrète à l'hôtel Bristol, palace voisin de l'Élysée, avec l'un des chefs de la police financière chargée de l'enquête sur les permanents du RPR. L'objet du rendez-vous ? Savoir jusqu'où l'affaire peut remonter...

C'est qu'à Nanterre, l'instruction ouverte par Yves Bot sur les personnels du RPR a avancé de plusieurs pas. Le dossier a été confié à un juge dont la réputation conjugue flegme, rigueur et ténacité : Patrick Desmure. « Ce n'est pas un excité », a dit Antonetti à Villepin. Mais l'examen de son *curriculum vitae* a appris aux hommes du Président qu'en 1980, à Lyon, ce magistrat avait mené l'enquête sur la caisse noire du club de football de Saint-Étienne, le premier scandale judiciaire de l'histoire du sport français. Quelques-uns des plus grands joueurs de l'époque – dont Michel Platini – avaient été poursuivis, à une époque où la justice était pourtant autrement frileuse devant les puissants. Cette fois, c'est un parti politique que le juge Desmure a trouvé sur son chemin. Ses recherches sont parties d'une simple constatation : dans le registre du personnel du RPR, il n'a trouvé aucune trace des secrétaires payées par les Charpentiers de Paris ; c'est donc que la liste officielle est incomplète. De perquisitions en interrogatoires, il s'efforce de la reconstituer.

Dans cette quête, il a vite compris qu'on ne lui faciliterait pas la tâche : au mois de juillet 1997, les services fiscaux se sont déclarés incapables de fournir les déclarations annuelles de salaires du RPR pour la période 1989-1992, qui lui auraient au moins livré l'état officiel des effectifs. Devant les policiers qui s'en étonnaient, le responsable du centre des impôts des Invalides a invoqué une « nouvelle méthode de classement », dont l'instauration, en 1990, aurait entraîné la destruction de toutes les archives précédentes, « sur ordre de la direction ». Mais, bizarrement, les dossiers couvrant les années 1986 à 1988, eux, seront remis au juge... Quant à la période postérieure à 1990, le même fonctionnaire déclarait : « Je n'ai pas d'explication logique à vous donner », constatant que les déclarations recherchées « ne figurent pas au dossier » et que « [son] service n'est pas en mesure de savoir si elles ont été déposées ou non ». Faute de documents, le juge a demandé des éclaircissements, convoqué les anciens cadres du parti. Le 27 mars 1998, il a montré que s'approcher du pouvoir ne l'inquiétait nullement : il a fait interroger par la police le chef adjoint du cabinet présidentiel, Daniel Le Conte, qui a dû expliquer comment et pourquoi il fut, de 1981 à 1990, salarié du groupe de travaux publics Jean Lefebvre alors qu'il travaillait au RPR. La discrétion a toutefois été observée : les enquêteurs ont fait le déplacement de Nanterre[1] jusqu'au ministère de l'Intérieur, tout proche de l'Élysée, pour procéder à cette audition – le collaborateur du Président n'a eu qu'une rue à traverser... Placidement, le juge Desmure a sollicité, un à un, les anciens responsables des services administratifs, financiers puis les trésoriers successifs du RPR. Tous ont renvoyé la responsabilité du « système » vers l'étage supérieur. Au point que la mise en cause d'Alain Juppé, ancien secrétaire général du parti, est peu à peu apparue inéluctable.

« La perfection évangélique ne conduit pas à l'empire, écrivait de Gaulle. L'homme d'action ne se conçoit guère sans une forte dose d'esquive, de dureté, de ruse[2]. » Villepin est assurément fait de

---

1. Où se trouve le siège de la direction centrale de la police judiciaire, dont la 8e division, vouée aux affaires économiques et financières, a été chargée de l'enquête sur le personnel du RPR.
2. Charles de Gaulle, *Le Fil de l'épée*, Berger-Levrault, 1944.

ce bois. Pour lui, connaître au jour le jour les évolutions des enquêtes judiciaires ne saurait être une fin. Il souhaite pouvoir en modifier le cours. À l'Élysée, il prêche l'« esprit de résistance » contre les juges et le refus d'une « dictature de la transparence » que ceux-ci incarneraient. Durant l'été 1996, il a sèchement rabroué Jean-Claude Antonetti qui suggérait, au cours d'une réunion, que le chef de l'État pourrait de lui-même demander à témoigner devant le juge Halphen.

« Après tout, nous n'avons rien à cacher..., avait risqué le magistrat.

– Complètement débile, avait répondu Villepin. Autant livrer le Président avec les menottes dans un panier à salade ! »

Par la suite, l'accumulation des dépositions évoquant la situation irrégulière d'employés – chauffeurs, secrétaires, conseillers – directement affectés au service d'Alain Juppé a renforcé, chez le secrétaire général, la conviction qu'une intervention s'imposait. C'est pourquoi, à la mi-avril, il a prié l'ancien ministre Robert Galley de passer le voir à l'Élysée, quelques jours avant que ce dernier ne se rende chez le juge Desmure pour être mis en examen. Gaulliste de la première heure, compagnon de la Libération ancien membre de la 2e DB marié à la fille du maréchal Leclerc, Galley a aussi été sept fois ministre – sous de Gaulle, Pompidou et Giscard – et trésorier du RPR, de 1984 à 1990. De ce cursus exemplaire, Villepin a déduit qu'on pouvait en appeler à son sens du sacrifice : si Galley accepte de revendiquer la responsabilité des recrutements contestés, Juppé sera sauvé et l'enquête s'arrêtera là. Le magistrat lui-même l'a fait comprendre à plusieurs avocats, en marge des auditions de leurs clients : si une organisation illicite a été mise en place, il faut en identifier le responsable ; or, jusqu'ici, déplore-t-il, « tout le monde se renvoie la balle, personne n'a rien vu ». La théorie de Villepin est qu'avec l'autorité qui est la sienne, Galley pourrait s'en attribuer la paternité sans grand risque : « Les faits sont anciens et sa carrière est derrière lui », a diagnostiqué le secrétaire général de l'Élysée.

Mais, à près de quatre-vingts ans, l'ancien ministre n'a plus envie de jouer les héros. Et surtout pas pour ceux – Juppé et Villepin – à qui la plupart des vieux compagnons reprochent d'avoir entraîné le Président dans le désastre de la dissolution. En 1995, déjà, Chirac l'avait fait consentir à abandonner la mairie de Troyes à son jeune protégé, François Baroin. Galley avait obtempéré en grimaçant. Cette fois, la démarche de Villepin froisse son orgueil et l'inquiète. Aurait-on décidé, à l'Élysée, de lui faire porter le chapeau, fût-ce sans son accord ? Lui ne l'entend pas ainsi. Le 22 avril 1998, dans le cabinet du juge Desmure, il fait exactement l'inverse de ce qu'on lui a demandé et même pire : il assure tout ignorer du nombre réel de salariés du parti et ne s'être jamais préoccupé que de la collecte de l'argent, non de son utilisation ; mais, surtout, il cite à plusieurs reprises le nom du Président dans sa déposition – ce que nul autre n'avait fait avant lui.

« En 1984, M. Chirac, avec qui j'avais des rapports privilégiés [...], m'a demandé comme un service d'assurer cette fonction [de trésorier] », dit-il. Puis il ajoute cette déclaration, dont on devine les termes soigneusement pesés : « M. Chirac m'avait fait part de la misère financière du mouvement, qui nécessitait donc de grands efforts et de l'imagination pour arriver à collecter les fonds nécessaires. Je n'ai pas accepté tout de suite ; j'ai donné mon accord vers le 25 août 1984. Il m'avait dit à ce moment qu'il attendait de moi que je trouve de l'argent, la gestion du mouvement incombant à d'autres[1]. »

L'avertissement est clair : Galley affirme n'avoir fait qu'appliquer les consignes du Président ; si l'on veut lui faire endosser la responsabilité des infractions commises au RPR, cela reviendra à impliquer le Président. Le 6 mai suivant, Dominique de Villepin tente autre chose. Cette fois, c'est à Michel Roussin qu'il demande de se dévouer. Lui aussi est un ancien soldat et il a montré, face au juge Halphen, qu'il savait se taire, même dans un tribunal. Face à lui, le secrétaire général plaide – devant témoins – pour la protection des chefs par leurs subordonnés. Évoquant le film *Titanic*, dont le triomphe récent marque alors les esprits, il décrit le

---

1. Procès-verbal d'interrogatoire de Robert Galley par le juge Patrick Desmure, 22 avril 1998. Archives de l'auteur.

cloisonnement nécessaire entre les responsables du parti en formant avec les mains de petites cabines imaginaires et lance, enthousiaste : « C'est comme sur le *Titanic*. Tout doit être absolument étanche ! » Pince-sans-rire, Roussin l'interrompt : « Mais Dominique, le *Titanic*, il a coulé. »

Pour éviter le naufrage, le petit groupe de l'Élysée pare au plus pressé. Ainsi, les hommes du Président ont appris que le juge Desmure s'intéressait particulièrement à deux anciens collaborateurs d'Alain Juppé : Nourdine et Farida Cherkaoui, jadis salariés de la mairie de Paris alors qu'eux aussi travaillaient au siège du RPR. Quand les policiers perquisitionnent à la direction des ressources humaines de l'Hôtel de Ville, ils constatent que, justement, le dossier du couple Cherkaoui est manquant. « Il a été sorti la semaine passée à la demande du cabinet de M. le maire », leur apprend un cadre du service. Dix jours plus tard, le dossier est remis aux enquêteurs. Mais il y manque plusieurs pièces essentielles, dont la lettre de recommandation qui a permis le recrutement des deux époux, au bas de laquelle le juge espérait trouver la signature d'Alain Juppé. Aucun de ces documents ne sera jamais retrouvé.

Et pour cause : un haut fonctionnaire municipal, Jean-Paul Garroté, alors affecté à la direction du personnel de la Ville de Paris, a expurgé la plupart des dossiers relatifs aux membres du cabinet du maire. Il en a retiré les bordereaux que les élus adressaient à l'administration pour réclamer l'affectation d'un collaborateur, et qui auraient donc permis d'établir, *a posteriori*, à la demande de qui et auprès de qui travaillaient vraiment ces employés. « Personne ne m'a demandé de le faire ; je ne sais pas pourquoi je l'ai fait, mais je l'ai fait[1] », déclarera, en 2003, ce fonctionnaire, après la découverte de ses interventions, à la faveur d'une autre enquête. Il précisera toutefois avoir reçu de sa « hiérarchie » l'ordre de « regarder dans les dossiers des chargés de mission s'il y avait des trucs » au moment où la chambre régionale des comptes d'Île-de-France avait engagé un contrôle sur les personnels municipaux – vérification qui coïncidait aussi avec la progression de l'enquête du juge Desmure...

Le 17 mai 1998, un fait inattendu s'ajoute à ce climat d'inquiétude : invitée du Club de la presse d'Europe 1, la ministre de la Justice, Élisabeth Guigou, est interrogée sur l'hypothèse d'une accusation portée contre le chef de l'État. Ouvertement suspectée, depuis plusieurs mois, par les proches de Chirac d'encourager les procédures qui visent le RPR et la mairie de Paris, la garde des Sceaux s'attendait à la question. Aussi a-t-elle demandé à son cabinet de lui préparer une note juridique pour nourrir sa réponse. Au micro, elle en répète la

1. Procès-verbal d'audition de Jean-Paul Garroté, 27 mai 2003. Cette déposition fut recueillie par la juge d'instruction Colette Bismuth-Sauron, saisie de l'enquête sur les anciens « chargés de mission » du cabinet du maire de Paris, entre 1988 et 1998.

teneur : en vertu de l'article 68 de la Constitution, le chef de l'État est « irresponsable pour les actes qui relèvent de sa fonction de président », dit-elle ; mais elle ajoute : « Comme tous les Français, le président de la République peut être traduit devant les tribunaux s'il a commis des délits. Je ne vois pas pourquoi on prévoirait un système spécial pour le président de la République, dès lors qu'il est clairement établi que, pour les infractions de droit commun, il n'y a pas de différence. »

Si le propos reflète bien, à cette date, l'état de la doctrine parmi les spécialistes du droit public, la sécheresse du ton suffit à convaincre l'Élysée que la guerre est déclarée. Le même jour, d'ailleurs, deux autres membres du gouvernement Jospin, Jean Glavany et Claude Bartolone, prononcent d'autres déclarations sacrilèges. Le premier envisage que « la justice rattrape » certaines personnalités « à la mairie de Paris ou au RPR ou ailleurs » et estime que « plus on est haut placé, plus on doit donner l'exemple ». Le second évoque carrément la possibilité d'une élection présidentielle anticipée – autrement dit : la démission du chef de l'État. Le lendemain, un ancien directeur du personnel de la Ville de Paris dénonce, dans *Le Parisien*, la pratique systématique des « emplois fictifs » à la mairie de Paris depuis 1983, sous couvert de « contrats de cabinet ». Quelques heures plus tard, Xavière Tiberi est placée en garde à vue dans l'enquête sur son emploi au conseil général de l'Essonne.

La réponse de l'équipe élyséenne à ce feu nourri sera moins discrète qu'à l'accoutumée. Le 20 mai, après que Jacques Chirac a, en personne, donné aux chefs de la droite le signal de la contre-attaque, le député Patrick Devedjian, chevau-léger du groupe RPR à l'Assemblée nationale, pose dans l'Hémicycle une question adressée à Lionel Jospin, dont le texte a été rédigé par Dominique de Villepin et amendé par lui. L'interpellation porte sur la période durant laquelle, entre la perte de son mandat parlementaire, en 1993, et sa première candidature présidentielle, en 1995, le chef des socialistes avait réintégré son corps d'origine, le Quai d'Orsay, sans y exercer aucune fonction. Dans les couloirs du Palais-Bourbon, certains élus de droite parlent à voix haute d'« emploi fictif ». En réponse, Jospin rappelle que cette situation administrative n'avait rien d'illégal – ce qui est exact – et précise qu'il avait vainement demandé un poste au ministre de l'époque, Alain Juppé. Le 20 mai, l'escarmouche se conclut par un armistice provisoire. Au sortir du Conseil des ministres, Jospin ordonne aux siens de s'abstenir de toute attaque sur les « affaires », sermonne Élisabeth Guigou et interdit à tous les membres du gouvernement de citer désormais le nom du Président à propos des enquêtes en cours.

Il ignore, à cet instant, que l'implication du chef de l'État dans un dossier judiciaire n'est plus tout à fait une hypothèse. À Nanterre, un tabou va bientôt sauter.

V

Le statut du commandeur

Ce n'est pas accorder un privilège particulier aux tribunaux que de leur permettre de punir les agents du pouvoir exécutif quand ils violent la loi ; c'est leur enlever un droit naturel que de le leur défendre.
Alexis de Tocqueville

Dans le cérémonial présidentiel français, la présentation des vœux revêt une importance particulière. Au début de chaque année, le souverain républicain reçoit à l'Élysée les dirigeants et représentants de tout ce que le pays compte en institutions, grands corps, hautes administrations et autres organes de la puissance publique afin d'échanger avec eux ses meilleurs souhaits pour le nouvel an. Sous le formalisme désuet de ces réceptions en série se glissent généralement quelques annonces destinées à la presse : nouvelles orientations politiques, projets de réforme ou prises de position sur un sujet d'actualité dont le Président veut tester l'impact sur l'opinion. Le 4 janvier 1999, Jacques Chirac vient d'entamer pour la quatrième fois ce que les journalistes politiques appellent « le marathon des vœux » mais la cérémonie qu'il préside en présence des neuf membres du Conseil constitutionnel échappe, par le climat qui l'entoure, à la routine officielle. C'est que la haute juridiction traverse, depuis plusieurs mois, une crise majeure.

Son président, Roland Dumas, ancien ministre des Affaires étrangères de François Mitterrand, apparaît compromis dans l'un des innombrables volets de l'affaire Elf. Soupçonné d'avoir favorisé le versement, par la compagnie pétrolière, de substantielles commissions occultes à l'une de ses maîtresses, il a été mis en examen et s'efforce, depuis, de résister au scandale qui menace de l'emporter[1]. Le 14 juillet précédent, lors de la traditionnelle interview télévisée, autre rituel présidentiel, Roland Dumas a reçu le soutien de Jacques Chirac, qui a estimé que le « bon fonctionnement du Conseil constitutionnel » n'était « pas en cause » à raison des poursuites judiciaires engagées contre son président. C'était un encouragement explicite à se maintenir en fonctions. Six mois ont passé et le lancinant feuilleton des « affaires » menace à présent

---

1. *Cf.* Hervé Gattegno, *L'Affaire Dumas*, Stock, 1998, rééd. 2000. Roland Dumas a finalement démissionné du Conseil constitutionnel au mois de mars 2000. Condamné par le tribunal correctionnel de Paris le 30 mai 2001, il a été relaxé par la cour d'appel en novembre 2002.

le camp du chef de l'État. En août, le juge Desmure a infligé à Alain Juppé le sort tant redouté : il l'a mis en examen pour « détournement de fonds publics, complicité et recel d'abus de biens sociaux, abus de confiance aggravé et prise illégale d'intérêt ». Michel Roussin est lui aussi poursuivi, de même que trois anciens trésoriers du RPR : Robert Galley, Jacques Oudin et Jacques Boyon. Le parti tout entier semble touché par le soupçon. Et depuis les déclarations d'Élisabeth Guigou, son fondateur ne semble plus à l'abri.

C'est à l'aune de ce contexte menaçant qu'il faut relire le petit discours présidentiel du 4 janvier 1999. Que disait alors Jacques Chirac ? Il rendait hommage au « renforcement de l'État de droit » dont le Conseil constitutionnel est « l'un des principaux artisans » et souhaitait « que le Conseil continue à jouer pleinement son rôle de conscience juridique de notre État de droit ». Il reconnaissait en outre à la juridiction suprême l'exercice d'une « véritable magistrature », ajoutant : « Cela tient à l'autorité attachée à ses décisions ; cela tient aussi au rôle préventif qui est le sien. »

L'illustration de ce « rôle préventif » ne tarda pas : le 22 janvier 1999, à la faveur d'une décision rendue sur la création, par le traité de Rome, d'une Cour pénale internationale (CPI) et sa compatibilité avec les institutions françaises, les Neuf Sages offraient au chef de l'État un bouclier constitutionnel pour parer les coups de la justice. Se référant à l'article 68 de la

103

Constitution[1], ils relevaient que « pour les actes accomplis dans l'exercice de ses fonctions et hors le cas de haute trahison », le président de la République « bénéficie d'une immunité ». Cette observation suffisait à établir la contradiction entre la Constitution française et le traité – puisque celui-ci disposait que le statut de la CPI était applicable « à tous de manière égale, sans distinction fondée sur la qualité officielle ». L'avis du Conseil constitutionnel comportait cependant un élément de réponse supplémentaire, d'où découlait la protection offerte au Président : « Au surplus, pendant la durée de ses fonctions, sa responsabilité pénale ne peut être mise en cause que devant la Haute Cour de justice ».

Par ces mots, la haute juridiction excluait formellement qu'un juge d'instruction puisse poursuivre Jacques Chirac dans l'une des enquêtes relatives au financement du RPR ou à la gestion de la Ville de Paris, tant que celui-ci siégerait à l'Élysée. Aussi la décision relança-t-elle instantanément la controverse juridique sur l'interprétation de l'article 68 qu'avaient suscitée les propos lapidaires d'Élisabeth Guigou. Outre les embarras judiciaires dans lesquels se débattait Roland Dumas, le caractère

---

1. « Le président de la République n'est responsable des actes accomplis dans l'exercice de ses fonctions qu'en cas de haute trahison. Il ne peut être mis en accusation que par les deux assemblées statuant par un vote identique au scrutin public et à la majorité absolue des membres les composant ; il est jugé par la Haute Cour de justice. »

inattendu de ce point particulier dans l'avis du Conseil accréditait le soupçon d'un arrangement. Car même si de nombreux juristes certifièrent par la suite que les Neuf Sages n'avaient d'autre choix, en examinant le statut de la CPI, que de répondre à une question qui ne leur était pas formellement posée, force est de constater qu'aucun d'entre eux n'avait attiré l'attention, avant le 22 janvier, sur la décision à venir. Si la nécessité était à ce point évidente de trancher la question de la soumission du chef de l'État au droit commun pour les actes antérieurs ou extérieurs à ses fonctions, comment expliquer que la vigilance de tous les experts ait pu être surprise en même temps [1] ?

La question n'est pas de pure forme. Car si l'argument contesté n'est pas indispensable au raisonnement qui fonde la décision, les experts le considèrent sans portée juridique propre – ils parlent alors d'*obiter dictum* : une incidente dont on peut se passer. En l'espèce, si le point relatif à l'étendue de la protection du président de la République n'avait pas à être obligatoirement invoqué pour déclarer inconstitutionnel le traité de Rome, il ne serait pas réputé s'imposer aux tribunaux – les juges saisis des dossiers

---

1. La presse ne se montra pas plus attentive : la partie contestée de l'avis du Conseil constitutionnel, rendu un vendredi, ne fut pas évoquée dans les journaux du lendemain. Ce n'est que le lundi 25 janvier 1999 que *Le Figaro* et *Libération* en rendirent compte, ainsi que *Le Monde* (dans son édition datée du mardi 26 janvier), sous le titre : « Le Conseil constitutionnel attribue à M. Chirac une immunité pénale ».

concernant le RPR pourraient donc s'en affranchir. Mais à cette interrogation cruciale, la réponse est introuvable. Au lendemain de l'avis rendu par le Conseil constitutionnel, les professeurs de droit se divisèrent sur sa teneur comme sur sa portée. Le pavillon Montpensier, siège de la haute juridiction, referma ses grilles sur son secret : à l'inverse de la plupart des cours constitutionnelles étrangères, l'institution française refuse la publicité, même partielle, de ses débats. Après chaque délibération, tous les documents utilisés, rapports et comptes rendus des séances sont enfermés dans le coffre du service juridique, inaccessibles aux regards extérieurs. Seuls les témoignages – forcément recueillis sous le sceau du secret [1] – permettent de reconstituer les circonstances qui préludèrent à l'avis du 22 janvier 1999. Elles aussi laissent au moins une impression de doute.

Désignée comme rapporteur par Roland Dumas entre Noël et le jour de l'an, Noëlle Lenoir, ancienne administratrice du Sénat réputée proche des socialistes, était une spécialiste reconnue des questions internationales mais manquait d'expérience en droit public interne. Aussi n'est-ce pas elle, mais les services juridiques du Conseil qui pointèrent, durant les travaux préparatoires à la décision, la question du statut pénal du chef de l'État. Mais elle ne fit l'objet

1. Trois des neuf membres du Conseil dans sa formation de l'époque, ainsi que trois fonctionnaires alors détachés auprès de l'institution ont accepté de répondre aux questions de l'auteur, à la condition expresse que leurs noms ne soient pas cités.

d'aucun débat particulier, ni avant ni pendant la séance du 22 janvier – elle ne semblait pas, alors, au cœur du sujet. Alors que s'achevait la rédaction du projet de décision, une première version laissa toutefois entrevoir une préoccupation spécifique : le texte plaçait le président de la République à l'abri des juges ordinaires sans limitation dans le temps, c'est-à-dire au-delà même du terme de son mandat. Cette proposition maximaliste écartée par le rapporteur, c'est bien sous sa forme définitive que la phrase litigieuse – « Au surplus... » – figurait sur le projet de décision que Noëlle Lenoir transmit à Roland Dumas, conformément aux procédures internes, quelques jours avant la réunion des Neuf Sages. Son interprétation de l'article 68 et le « privilège de juridiction [1] » qui en résulte n'inspirèrent alors aucune réaction autour de la table du Conseil, où siégeaient pourtant deux authentiques spécialistes de droit public et de science politique [2]. La mention fut adoptée sans coup férir.

Seuls quelques très rares initiés savaient, ce jour-là, à quel point elle tombait à pic pour sauver le Président.

1. Les juristes qualifient de « privilège de juridiction » le dispositif qui fait échapper au droit commun l'engagement de poursuites ou le jugement relatif à une catégorie particulière de justiciables. La Constitution prévoit ainsi que les ministres ne peuvent être jugés que par la Cour de justice de la République pour des faits commis dans l'exercice de leurs fonctions.
2. Jean-Claude Colliard et Alain Lancelot, tous deux professeurs d'université. Les autres membres étaient, outre Roland Dumas et Noëlle Lenoir, Michel Ameller, Georges Abadie, Yves Guéna, Pierre Mazeaud et Simone Veil.

Ce que Patrick Desmure redoutait est arrivé le lundi 9 novembre 1998. Ce matin-là, le commandant Yannick Gueltas, policier d'expérience à qui le juge avait confié l'enquête sur les permanents du RPR, l'appelle au téléphone :

« Vous devriez venir nous voir, monsieur le juge. J'ai repris tout le dossier ce week-end. On a saisi des pièces intéressantes. Surtout une. Vous pouvez venir maintenant ?

– J'arrive. »

À Nanterre, le tribunal est à deux pas de l'immeuble qui abrite la direction centrale de la police judiciaire. Le magistrat y est une demi-heure plus tard. Là, il prend connaissance du document qui, pour lui, va tout changer. C'est une lettre, tapée à la machine sur un papier à en-tête du maire de Paris. Datée du 16 décembre 1993, elle est adressée au secrétaire général de la Ville, Jean-Michel Hubert, et porte la signature de Jacques Chirac. D'apparence anodine, son texte en fait une pièce à conviction contre le chef de l'État : car le maire de la capitale y demande la promotion d'une secrétaire, Madeleine Farard, afin que le traitement de celle-ci puisse être augmenté dans la perspective de son prochain départ à la retraite, prévu pour le mois de juin suivant ; à l'appui de sa recommandation, le futur président de la République souligne que cette femme a « fait preuve d'un dévouement exemplaire dans les fonctions délicates qui lui ont été confiées depuis plus de neuf années auprès de M. Pasty, député européen et conseiller spécial pour l'agriculture du président du RPR [1] ».

Pour le juge comme pour les policiers, ce courrier apporte la preuve irréfutable que Chirac était parfaitement informé du système de dérivation mis en place entre l'Hôtel de Ville et le parti puisqu'il vantait ainsi, par écrit, les qualités d'une employée de la municipalité dans la tâche qu'elle exerçait au RPR. La missive contient en outre une menace directe pour le chef de l'État, puisque le « président du RPR » dont il est question sous sa plume n'était autre que lui-même. De sorte qu'indirectement, la secrétaire concernée travaillait à son service, ce qui l'expose, en sa double qualité de maire et de chef du parti, à l'accusation de « prise illégale d'intérêt ».

Loin de se réjouir d'une telle découverte, le juge Desmure et le commandant Gueltas conviennent qu'il est urgent d'attendre. Après tout, le document qui compromet le Président dort, en réalité, depuis des mois au fond d'un dossier. Comme bien d'autres pièces administratives, il a été saisi lors d'une perquisition à l'Hôtel de Ville, le 23 juin 1998. Placées dans des cartons, les pièces ont été transportées dans les locaux de la police, en attendant d'être examinées. Mais, aussi incroyable que cela puisse paraître, ce travail n'a été effectué que cinq mois plus tard : toujours débordés, en sous-

1. Lettre de Jacques Chirac à Jean-Michel Hubert, 16 décembre 1993. Archives de l'auteur.

effectifs constants, les policiers affectés aux affaires financières jonglent avec les dossiers, disposant du même temps et des mêmes moyens pour traiter de banales escroqueries que pour démêler un scandale politico-financier. Ainsi va la vie ordinaire des services d'enquête français : malgré les proclamations régulières des gouvernements de toutes obédiences, magistrats et policiers savent bien qu'aucun pouvoir ne veut vraiment faire de la lutte contre la corruption une priorité – ni même simplement lui donner, en termes politiques et budgétaires, l'ampleur qu'elle mériterait. Entre le 23 juin et le 9 novembre 1998, la lettre accusatrice a séjourné dans un carton fermé par un cachet de cire, sous le scellé numéro 80, sans que personne ne sache qu'elle était là ni la menace qu'elle constituait.

Désormais informé, Desmure prévient le procureur, Yves Bot, avec lequel il entretient des relations de confiance. Parallèlement, la hiérarchie policière est elle aussi alertée. La nouvelle est annoncée par Gueltas à son chef de service, puis au chef de la division chargée des affaires financières, puis à la direction de la PJ, puis à celle de la police nationale, qui en fait part au cabinet du ministre de l'Intérieur. Une autre tradition française veut en effet que l'autorité politique soit informée au jour le jour de l'activité policière sur les dossiers sensibles. Théoriquement subordonnés au juge d'instruction ou au parquet à la demande desquels ils enquêtent, les policiers sont aussi tenus de renseigner leurs propres supérieurs. Dans leur jargon, les rapports de synthèse anonymes qu'ils établissent pour résumer l'état de leurs investigations les plus délicates ou les plus explosives s'appellent « dossiers réservés » ou « notes ministres » – c'est dire que chacun connaît leur destination, et l'usage qui peut en être fait.

Dès le 9 novembre, une de ces notes confidentielles est adressée au ministère de l'Intérieur. Elle mentionne la découverte du document et l'exploitation qui pourrait en être faite. Cohabitation oblige, l'un des plus hauts responsables de la police a également soufflé l'information à l'Élysée, puisque le Président est directement concerné. À partir de cet instant, la chronologie des événements s'éclaire d'un jour différent.

Le 4 janvier, lorsqu'il en appelle au « rôle préventif » du Conseil constitutionnel et qu'il loue « l'autorité attachée à ses décisions », Jacques Chirac sait à la fois le sort qui le guette et l'appui que la haute juridiction, présidée par un Roland Dumas lui-même tourmenté par la justice, peut lui apporter. C'est au moins son inconscient qui trahit le secret de ses pensées. Le 12 janvier, le parquet de Paris ouvre une nouvelle information judiciaire sur les anciens « chargés de mission » de la mairie de Paris, qui peut aussi, à terme, entraîner sa mise en cause personnelle. L'inquiétude monte encore d'un cran. Le 15 janvier, les policiers interrogent Madeleine Farard, la secrétaire désignée dans sa lettre d'intervention de 1993.

L'urgence se précise. Le 22 janvier, le Conseil constitutionnel rend sa décision sur la Cour pénale internationale, qui inclut le paragraphe providentiel sur le statut pénal du chef de l'État. Malgré les querelles d'experts qu'il déclenche, le signal lancé aux juges est on ne peut plus clair.

La connaissance qu'avait l'Élysée de la lettre fatidique explique aussi, sans doute, l'attitude ambiguë d'Alain Juppé. Quand il reçut sa convocation chez le juge de Nanterre, à la fin du mois d'août 1998, l'ancien Premier ministre annonça d'abord, avec orgueil et dignité, son intention de « tout assumer ». Au journal de 20 heures de TF1, puis dans *Le Figaro*, il invoqua la « confusion » qui régnait dans la législation sur le financement des partis politiques, au fil des lois successives de 1988, 1990 et 1995, assura avoir « donné des instructions » pour que les situations litigieuses soient « régularisées » et déplora que « cela ait pris du temps ». Regardant vers l'avenir, il ne manqua pas d'ajouter : « Il faut que la justice fasse son travail, qu'elle le fasse vite et qu'ensuite on puisse tourner la page[1]. »

Mais une fois dans le bureau du juge Desmure, le 21 octobre, c'est l'attitude inverse qu'il adopta. Se fondant sur un point de procédure, il refusa de répondre à ses questions et demanda le renvoi de son audition à une date ultérieure. Trois jours plus

1. *Le Figaro*, 26 août 1998.

tard, son avocat, l'omniprésent Francis Szpiner, formait une requête visant à l'annulation de l'intégralité du dossier en invoquant une série de vices de forme. Fomentée de concert avec l'Élysée, cette initiative entretenait, certes, l'espoir de voir le danger s'évanouir de lui-même ; mais son premier effet était de retarder le processus judiciaire, quitte à maintenir Juppé sous le soupçon judiciaire pendant des mois, voire des années. Le juge en fut surpris. Après avoir entendu Juppé à la télévision, il s'attendait à pouvoir refermer rapidement ce dossier empoisonné. Il avait même versé à son instruction l'enregistrement de ses déclarations. Le scénario lui paraissait écrit : l'ancien Premier ministre allait reconnaître les faits, en revendiquer l'unique responsabilité, mettre ses anciens subordonnés hors de cause et l'enquête serait terminée. Le dossier pourrait être jugé l'année suivante, dans un contexte autrement apaisé – et loin, très loin, de la campagne présidentielle de 2002. Qui peut être sûr que, dans un tel déroulement, la pièce à conviction du scellé 80 aurait un jour été exhumée ?

Mais l'Élysée ne pouvait accepter ce risque. La simple menace rendait inacceptable la perspective d'un procès rapide, qui aurait à coup sûr éclaboussé le Président. Juppé fut donc condamné à ralentir le processus judiciaire, quand son destin personnel exigeait qu'il l'accélère. Dans le petit livre intimiste qu'il avait publié, à l'hiver 1996, pour tenter d'atténuer son impopularité à Matignon, il avait écrit :

« Après tout, il faut bien quelqu'un pour faire la sale besogne, surtout quand on la sait indispensable. D'où mon statut actuel de bouc émissaire. Je l'assume[1]. » Malgré l'éloignement forcé du pouvoir, l'épreuve continuait, au prix d'un étrange renversement du principe de responsabilité qu'il n'avait pas vraiment voulu : pour n'avoir pas servi de « fusible » au Président comme chef du gouvernement, il lui fallait endosser ce rôle maintenant, pour payer l'échec de 1997.

La cour d'appel statua sur sa requête en annulation le 26 janvier, soit quatre jours après la décision du Conseil constitutionnel. Elle ne lui donna satisfaction que sur un point, en retirant les qualifications de « détournement de fonds publics » et « abus de confiance aggravé » qui lui avaient été notifiées. Mais elle valida l'ensemble de l'enquête, retirant tout obstacle sur le chemin du juge. Les avocats d'Alain Juppé saisirent la Cour de cassation[2].

Le 11 mars 1999, le juge Desmure faisait ouvrir le fameux scellé 80 – comme on ouvre la boîte de Pandore.

Jamais, jusqu'alors, la question n'avait été aussi concrètement posée : un président de la République

1. Alain Juppé, *Entre nous*, Nil, 1996.
2. Le 30 juin 1999, la Cour de cassation devait confirmer la régularité de la procédure.

en exercice peut-il être poursuivi à raison d'infractions pénales dont il serait l'auteur ou le complice ? Sous de Gaulle, l'interrogation seule aurait été jugée sacrilège. Dans l'esprit du fondateur de la Vᵉ République, le chef de l'État était « la clé de voûte des institutions » ; l'imaginer compromis dans un scandale aurait suffi à valoir remise en cause des fondements du régime. Aussi, en 1965, le Général avait-il repoussé avec mépris les soupçons qui le visaient personnellement après l'enlèvement de l'opposant marocain Mehdi Ben Barka. Même lorsque le rôle joué par des policiers et des agents secrets français dans cette opération, perpétrée en plein Paris, fut avéré, il qualifia publiquement l'affaire de « subalterne » et jamais la justice n'entérina la thèse, pourtant évidente, du crime d'État.

Infiniment plus « subalterne » était le reproche qui conduisit, deux décennies plus tard, Valéry Giscard d'Estaing devant le tribunal correctionnel. Le président de la République était poursuivi par l'écologiste René Dumont pour « affichage illégal » durant la campagne électorale de 1974. Acceptant la compétence de la juridiction ordinaire, il se fit représenter, à l'audience, par son avocat. Les faits, pourtant, ne purent être réellement jugés : les magistrats constatèrent d'emblée qu'ils étaient effacés par la loi d'amnistie qui avait suivi l'élection... de Valéry Giscard d'Estaing et ce précédent ne marqua guère les esprits, sauf pour consacrer l'inaccessibilité du chef de l'État – dans les faits

115

sinon dans le droit[1]. La continuité prévalut après l'alternance de 1981, à l'occasion de l'affaire des « avions renifleurs ». Cette fois, ce n'était pas un tribunal mais une commission d'enquête parlementaire qui, cherchant à identifier les responsables de l'imbroglio politico-industriel ayant permis l'évaporation de sommes considérables au préjudice d'Elf-Aquitaine, réclamait la comparution de Giscard. Celui-ci s'en remit alors à l'appréciation de son successeur, François Mitterrand, observant, dans la lettre qu'il lui adressa, que « la demande d'audition d'un ancien président de la République par une commission d'enquête parlementaire à propos de faits qui se sont déroulés pendant la durée de son mandat n'a jamais eu lieu depuis l'origine de la Ve République » et qu'elle semblait, dès lors, « de nature à créer un précédent »[2]. La réponse de Mitterrand combla son attente : « Il me paraît clair,

---

1. Commentant la décision, rendue le 3 décembre 1974, l'avocat général Raymond Lindon relevait que le tribunal avait, dans son jugement, « traité M. Giscard d'Estaing comme n'importe quel plaideur », n'ajoutant à son état civil que la mention « de nationalité française, sans autre renseignement » et à l'exclusion de sa qualité de chef de l'État. Il concluait son propos par cette observation : « À la vérité, le procès fait apparaître une grave lacune de notre législation, à savoir l'absence d'immunité du chef de l'État. » *Cf.* Dalloz, 1975.
2. Lettre du 10 août 1984, publiée dans le rapport n° 2418 de l'Assemblée nationale, établi par la Commission d'enquête chargée d'examiner les conditions dans lesquelles des fonds ont pu être affectés depuis 1976 à une « invention scientifique susceptible de bouleverser la recherche pétrolière », *Journal officiel*, 15 novembre 1984.

116

écrivait-il, que, en vertu d'une longue et constante tradition républicaine et parlementaire, confirmée par la Constitution [...], la responsabilité du président de la République ne peut être mise en cause devant le Parlement. Cette immunité s'applique au président de la République non seulement pendant toute la durée de ses fonctions, mais également au-delà, pour les faits qui se sont produits pendant qu'il les exerçait[1]. »

Au terme de cet échange de correspondances au sommet, une double conclusion s'imposait : un ancien chef de l'État n'avait aucun compte à rendre sur son mandat passé et un président en exercice pouvait s'arroger le droit d'interpréter à sa guise la Constitution. Le président de l'Assemblée nationale de l'époque, Louis Mermaz, et celui de la commission d'enquête, Jean-Pierre Michel, tous deux élus socialistes, s'inclinèrent et renoncèrent à leur convocation.

En bonne logique, la même inviolabilité devait profiter à François Mitterrand lui-même. Sa présidence marquait à ce point l'adhésion à la conception gaullienne de la suprématie élyséenne que l'immunité du chef de l'État semblait alors une évidence qui s'imposait d'elle-même, en dépit des « affaires » qui se multipliaient. Pas plus que les révélations de la brigade financière de Marseille sur

---

1. Lettre du 30 août 1984, publiée dans le rapport n° 2418 de l'Assemblée nationale, *op. cit.*

le financement de sa campagne présidentielle[1], les preuves de son implication directe dans les agissements de la cellule de gendarmes affectés auprès de lui, et notamment des ordres qu'il donna afin de placer plusieurs personnalités sur écoute téléphonique[2] dans le souci principal d'empêcher la divulgation de l'existence de sa fille cachée, ne suscitèrent d'accusations judiciaires à son encontre. Pas un juge ne s'y aventura et il est édifiant de constater, avec le recul du temps, qu'aucun de ses adversaires politiques du moment ne s'en étonna jamais ouvertement – non que le président de la République fût épargné par les attaques personnelles, mais il semblait que l'immunité absolue attachée à sa fonction rendait vaine toute tentative de stimuler la justice.

Aussi fallut-il attendre plus de dix années après sa mort pour qu'un tribunal, enfin, prononce une condamnation qui désignait clairement François Mitterrand en coupable posthume de cet espionnage d'État. Dans le texte du jugement, daté du 9 novembre 2005, on peut lire ceci : « Un grand nombre des écoutes reprochées aux différents prévenus ont pour origine une décision ou un choix émis par la plus haute autorité de l'État, à savoir le président de la République. » Et encore ceci : « L'instruction et l'audience ont démontré que les

1. *Cf.* Antoine Gaudino, *L'Enquête impossible*, Albin Michel, 1990 et *Le Procès impossible*, Albin Michel, 1992.
2. *Cf.* Edwy Plenel, *Les Mots volés*, Stock, 1997.

décisions présidentielles ont été relayées sans aucune réticence ni réserve par deux Premiers ministres successifs [...], tous expliquant unanimement qu'il existait une primauté de la fonction présidentielle contre laquelle ils ne voulaient pas développer le moindre conflit et [à] laquelle ils souhaitaient manifestement faire complète allégeance. » Ces mots ne portent-ils pas autant la critique du dérèglement d'un régime que celle d'un homme et de ses fautes ?

Sous le long règne mitterrandien, un seul magistrat osa le lèse-majesté judiciaire d'un appel explicite à la sanction pénale : Thierry Jean-Pierre, alors juge d'instruction au Mans, qui, dans une longue ordonnance rédigée en décembre 1993 et récapitulant les malversations reprochées à Roger-Patrice Pelat, estima que « le paiement de faux honoraires d'avocat à M. François Mitterrand » avant son élection par la société Vibrachoc, propriété de l'homme d'affaires, pouvait constituer un « recel d'abus de biens sociaux »[1]. Mais toute sa procédure fut annulée et l'inviolabilité présidentielle en sortit, une fois encore, indemne.

Ce dernier épisode, le procureur de Nanterre, Yves Bot, l'avait sans doute gardé en mémoire. Alors chef du parquet du Mans, il avait lui-même

1. Ordonnance de soit-communiqué pour faits nouveaux du juge Thierry Jean-Pierre, tribunal de grande instance du Mans, 17 décembre 1993. Archives de l'auteur.

ouvert, puis suivi pas à pas l'instruction du juge Jean-Pierre[1] sur les comptes de Pelat. Les autres précédents, il les retrouvera six ans plus tard, en consultant les archives, en feuilletant de vieux grimoires empruntés aux bibliothèques de l'Assemblée nationale et du Sénat – recherches menées seul et en toute discrétion, qui le feront remonter jusqu'aux procès de ministres sous la IIIe République pour scruter les enseignements du passé.

Fort de ces lectures, le 19 mars 1999, soit huit jours après la transmission officielle du scellé 80 par le juge Desmure, le procureur rendait son réquisitoire sur les faits visant le Président. S'il invoquait expressément la décision du Conseil constitutionnel et la « querelle doctrinale » qui s'était ensuivie, il s'abstint soigneusement de citer le nom de Jacques Chirac et même d'indiquer en quoi celui-ci pourrait être pénalement mis en cause – sans doute pour éviter, dans l'hypothèse d'une publication par la presse de son réquisitoire, qu'un de ses termes soit retourné contre le chef de l'État. Il concluait en tout cas que « le principe de la séparation des pouvoirs ne peut être respecté qu'en donnant à l'article 68 de la Constitution une interprétation qui confère au président de la République, pendant l'exercice de ses fonctions, un privilège de juridiction », et affirmait que seule la Haute Cour de justice serait en mesure de pour-

---

1. *Cf.* chapitre III, p. 68.

suivre le chef de l'État. Aussi recommandait-il au juge Desmure de se déclarer « incompétent » pour instruire sur les faits contenus dans la lettre de 1993.

Le juge réfléchit près d'un mois avant de faire connaître sa position. Le 15 avril 1999, il signait une ordonnance de deux pages par laquelle il se déclarait effectivement « incompétent ». Mais il le fit, lui, sans précautions d'écriture excessives : « Attendu qu'il semble résulter des éléments recueillis au cours de la présente information que plusieurs dizaines de personnes ayant travaillé pour le RPR étaient rémunérées en fait par des entreprises privées ou par la Ville de Paris alors que M. Chirac était maire de cette ville et président du RPR ; attendu que le nombre des personnes concernées [...], les fonctions que certaines d'entre elles exerçaient dans l'entourage immédiat du secrétaire général ou du président de ce parti, ainsi que les documents saisis, dont certains semblent être signés ou annotés de la main de M. Chirac, font peser à l'encontre de ce dernier, en l'état du dossier, des indices [...] d'avoir participé aux faits de prise illégale d'intérêt et de recel d'abus de biens sociaux dont nous sommes saisis. » Suivait un simple paragraphe rappelant la décision du Conseil constitutionnel, avant cette conclusion : « Nous [nous] déclarons incompétents pour instruire sur les faits susceptibles d'être imputés à M. Jacques Chirac à titre personnel. »

À l'Élysée, le soulagement succédait à l'angoisse. La charge du juge était sévère, mais l'issue apaisante. S'il considérait ouvertement que son enquête désignait le Président, il s'inclinait devant la protection constitutionnelle qui lui était dévolue – ce statut du commandeur que seul un spectre pourrait, un jour, faire vaciller.

VI

Mémoires d'outre-tombe

Et puisque la nuit sort des trônes,
que la lumière sorte des tombeaux !
Victor Hugo

C'est un fantôme et pourtant, il parle. Enfoncé dans un canapé, il porte une chemise blanche, des bretelles, une cravate rouge. Derrière ses grosses lunettes, son regard est animé d'une lueur étrange, comme mêlée de peur et de jubilation. Sur ses genoux est posée une liasse de feuilles qu'il ne regarde jamais. Il raconte, il explique, il s'emporte, s'embrouille un peu, parfois, insiste, menace. Face à l'objectif immobile d'une caméra, il dit son histoire, sa colère, ses secrets – ceux d'un homme qui, jusque-là, n'avait jamais parlé et qui, maintenant, ne semble plus pouvoir s'arrêter.

Il s'appelle Jean-Claude Méry. Il est mort le 9 juin 1999, moins de deux mois après que le juge Desmure eut renoncé à poursuivre le Président. Le

21 septembre 2000, sa confession enregistrée surgit du néant et porte un nouveau coup – terrible – à Jacques Chirac. « Le testament d'un financier du RPR », annonce la première page du *Monde*, qui publie la transcription de la bande vidéo[1].

Le même jour, le chef de l'État a appris sa condamnation à vingt ans de prison pour « crime de guerre ». Le jugement, rendu par un tribunal de Belgrade, le déclare coupable de bombardements meurtriers sur l'ex-Yougoslavie, ainsi que treize autres dirigeants occidentaux – dont Bill Clinton et Tony Blair. Mais qui s'en soucie ? La France est aussi à trois jours d'un dimanche électoral : on votera, le 24 septembre, pour réduire le mandat présidentiel de sept à cinq ans. Les accusations d'outre-tombe de Méry menacent, elles, de le raccourcir bien davantage.

Face au juge Halphen, l'ancien collecteur de fonds avait tenu sa langue, même après six mois d'incarcération. Oublié, son personnage de flambeur ; il feignait la modestie, jurant qu'on lui prêtait plus d'influence qu'il n'en eut. Tout au plus consentait-il à admettre avoir « incité les entreprises à financer le RPR », sans avoir « jamais récolté directement de l'argent ». Dans son témoignage filmé, rien ne

---

1. Le document fut publié en deux parties, sous la forme de très larges extraits, dans les éditions du *Monde* datées du vendredi 22 et du samedi 23 septembre 2000. Le texte complet en a été publié ultérieurement sous le titre *La Cassette-testament de Jean-Claude Méry, version intégrale*, présentée par Arnaud Hamelin, Denoël, 2000.

l'arrête plus. Seul, dans le secret d'un petit bureau, il se montre tel qu'en lui-même : hâbleur et volubile, gonflé d'importance, désireux de dire ce qu'il a fait – quitte à s'en attribuer un peu plus – et de montrer ce qu'il sait.

Son récit passe tout en revue : le trucage des marchés publics, le racket des entreprises, les commissions versées, les comptes à l'étranger. Tout ce que la justice s'efforce péniblement d'établir et que, de son vivant, il n'a jamais voulu confirmer. Sous son égide, proclame-t-il, le chiffre d'affaires de l'« organisation » occulte est passée, à partir de 1985, « de 300 000 francs par an à plus de 35 à 40 millions de francs, en liquide, en direct ou en emplois privés, tous les ans pendant plus de sept ans ». Les fonds étaient versés en France ou en Suisse, où ils servaient, dit-il, « à alimenter les comptes de différentes fondations » immatriculées dans des paradis fiscaux ; puis, de là, « à aider le RPR, certes, aussi certains hommes politiques en direct ». Pour Méry, la chaîne hiérarchique est évidente : « C'est uniquement aux ordres de M. Chirac que nous travaillions. » Encore les consignes prônaient-elles parfois l'œcuménisme : à l'occasion du gigantesque marché de la rénovation des lycées d'Île-de-France, il dit avoir réparti les commissions entre le RPR, le Parti socialiste et le parti communiste – ce que l'ancien dirigeant d'Urba, Gérard Monate, confirme dans le même numéro du *Monde*.

Intarissable, Méry désigne avec insistance Michel Roussin comme le superviseur du système et raconte cet épisode sidérant qui va, bientôt, être repris en boucle par tous les médias du pays : en 1986, alors que Jacques Chirac était Premier ministre, il affirme avoir apporté à l'hôtel Matignon une commission occulte versée par la Compagnie générale des eaux, en contrepartie du marché de chauffage des HLM de Paris – ce qu'il appelle fièrement « une opération d'encaissement de fonds assez prestigieuse ». « Je vais porter l'argent moi-même dans le bureau de M. Michel Roussin, chef de cabinet de M. le Premier ministre. M. le Premier ministre va s'asseoir en face de moi [...]. Après avoir parlé de qui avait donné l'argent, pourquoi l'argent avait été donné, ce que nous avions fait [...], m'être entendu féliciter par M. Chirac parce que je savais gagner de l'argent [...], ce jour-là, j'ai remis les cinq millions de francs en argent liquide directement sur le bureau de M. Roussin, en présence de M. Chirac. »

À l'Élysée, le choc était attendu, mais il est rude. La veille de la publication, le directeur du *Monde*, Jean-Marie Colombani, avait prévenu Dominique de Villepin. Au téléphone, l'échange fut aussi bref que glacial : « C'est grave, ce que vous faites. Prenez vos responsabilités », a dit le secrétaire général. Deux semaines auparavant, le directeur des renseignements généraux, Yves Bertrand, lui avait signalé qu'un enregistrement posthume de Méry circulait dans les chaînes de télévision. C'était vrai. L'homme qui avait filmé la confession du promoteur, Arnaud Hamelin, reporter et producteur, avait proposé le document à des responsables des rédactions de Canal Plus, France 2, France 3 et M6. Certains lui avaient offert d'en diffuser quelques extraits ; d'autres l'avaient accueilli avec des mines embarrassées. Frustré, Hamelin décidait alors, au tout début du mois de septembre, de s'adresser au *Monde.* Aux deux journalistes qui visionnèrent la bande et effectuèrent les vérifications nécessaires avant sa publication[1], l'interviewer de Méry expliquait sans détour qu'il comptait sur la réputation de sérieux et d'indépendance du quotidien pour lever les incertitudes des télévisions et pouvoir vendre ses images. C'est exactement ce qui se passa.

La suite appartient, pour ainsi dire, à l'histoire. En quarante-huit heures, la « cassette Méry » rejoignit le collier de Marie-Antoinette, le bordereau de l'affaire Dreyfus et les chèques de la Compagnie de Panama au grand musée des scandales français. Déstabilisé, le chef de l'État convoqua Rimbaud à sa rescousse pour qualifier d'« abracadabrantesques[2] » les accusations du fantôme, protesta contre « le mensonge et la calomnie » et, cette fois encore, la garde chiraquienne forma le carré. Comme souvent, le tourbillon politique qui s'ensuivit emporta

1. Fabrice Lhomme et l'auteur.
2. *Cf* Prologue, p. 14.

127

les faits jugés secondaires dans l'instant et recouvrit de poussière certains détails révélateurs. Déterrées, mises bout à bout, ces petites vérités négligées complètent le récit du collecteur de fonds du RPR et les événements qu'il provoqua : elles racontent la préhistoire d'une affaire.

À sa sortie de prison, le 9 mars 1995, Jean-Claude Méry n'est pas encore un spectre, mais ce n'est déjà plus qu'une ombre. Amaigri, malade, écœuré, il cherche désespérément le moyen d'éviter la ruine. Son épouse a demandé le divorce durant sa détention, la plupart de ses anciennes relations d'affaires ne le prennent plus au téléphone. Ses bureaux d'études ont été mis en liquidation. Ses biens ont été saisis par le fisc et les banques. Et la justice ne le lâchera pas : le jour de sa libération, le juge Halphen a perquisitionné au siège de l'OPAC – comme pour signifier que l'enquête ne s'arrêterait pas là.

Méry n'a qu'un espoir : l'élection présidentielle qui approche. Jacques Chirac n'est pas encore à l'Élysée, mais la courbe des sondages s'est inversée pour faire de lui un favori et d'Édouard Balladur, son rival, un félon sans avenir. Aussi Méry espère-t-il que son silence lui vaudra soutien et gratitude. N'a-t-il pas choisi, d'ailleurs, l'avocat traditionnel de la mairie de Paris, François Sarda, gaulliste notoire et membre de l'Association des amis de Jacques Chirac – que préside l'ancien secrétaire général du RPR Bernard Pons ? Alors qu'il ruminait en cellule, l'avocat et ses collaborateurs n'ont cessé de lui transmettre des messages rassurants – qu'il rappellera dans sa cassette : « On vous en supplie, Jean-Claude, l'élection de Chirac dépend de votre silence » ; ou encore : « Taisez-vous, gardez le silence et vous verrez, quand vous sortirez, on vous aidera. » Enfin, à l'heure de sa libération : « Ah, Méry, grâce à vous, Chirac va être élu, vous allez voir. » Et on lui fit, dit-il, « toutes les promesses du monde [1] »...

Pourtant, une fois libre, ses tentatives d'approches auprès de l'entourage du futur élu sont repoussées sans ménagement. Se sachant surveillé par la justice, il n'ose guère s'adresser à la mairie de Paris ou à l'OPAC. Il mesure désormais la solitude du collecteur de fonds. Son projet immobilier à Port-Vendres, où il rêvait de bâtir un Port-Grimaud catalan, n'a laissé que des dettes et un litige en souffrance avec la compagnie immobilière Phénix, filiale de la Générale des eaux. Durant l'été 1995,

1. Extraits de sa confession enregistrée, ces propos ont été formellement démentis par François Sarda, interrogé en qualité le témoin le 9 avril 2002. Ils ont cependant reçu la confirmation de la veuve de Jean-Claude Méry, entendue par la police le 26 septembre 2000, qui déclarait alors : « Lorsque je me rendais au bureau de Me Sarda et que je lui demandais quand mon mari serait remis en liberté, il m'expliquait que s'il continuait à se taire, on l'aiderait [...]. Vous me demandez l'identité des personnes visées par le "on", je ne sais pas. En ce qui concerne les promesses, elles portaient sur le fait que l'on donne du travail à mon mari à sa sortie de prison, sans plus de précision. » Conseil fiscaliste de Méry, Alain Belot déclarait, quant à lui, le 11 avril 2002, s'être entendu dire par son client que « lors de cette détention, des promesses de réinsertion future lui avaient été faites par le biais de ses avocats ».

il tente vainement de monter plusieurs opérations financières, dont un projet d'investissement en Hongrie.

Le 7 juillet, il se rend chez le juge Halphen pour la première fois depuis son élargissement. Son amertume est perceptible : à l'étonnement du magistrat, il laisse volontairement échapper quelques précisions inhabituelles. S'il maintient n'avoir « jamais reçu d'espèces des entreprises en dehors du paiement des factures », il « reconnaît bien volontiers avoir incité les sociétés qui sont les mêmes que celles qui ont payé les factures à une ou deux exceptions près, à verser de l'argent au RPR ». Il ajoute : « Je leur disais que s'ils souhaitaient voir une victoire de Jacques Chirac ou du RPR, il fallait qu'ils versent de l'argent.

« S'agissait-il de soutien officiel ou de financement occulte ? lui demande le juge.

– Il faudra le demander au trésorier du RPR », répond-il, cinglant.

Le procès-verbal de l'interrogatoire mentionne qu'à cet instant, l'avocat de Méry, empressé, lui conseille à voix haute de « faire attention à ce qu'il dit ». Le promoteur consent alors à ajouter cette nuance : « Si toutefois un tel financement occulte existe [1]... »

---

1. Procès-verbal d'interrogatoire de Jean-Claude Méry, 7 juillet 1995. Archives de l'auteur.

Quelques semaines après cette alerte, Méry désigne un nouvel avocat : Frédérique Pons, pénaliste habile et réputée, qui est aussi la fille de Bernard Pons. Dans le même temps, l'Élysée suit pas à pas ses efforts pour lancer de nouvelles affaires. Les réunions s'enchaînent pour négocier avec les représentants de la Générale des eaux le remboursement des frais d'études que l'ex-promoteur assure avoir engagé à Port-Vendres. Il réclame 30 millions de francs : le prix de sa remise à flot. Face à la caméra d'Arnaud Hamelin, Méry précisera à ce propos : « On m'avait promis de me rembourser tout ce que j'investissais à titre personnel, c'est-à-dire près de sept millions par an [...]. Et je me rends compte que l'on ne m'a pas remboursé, on ne veut pas me rembourser. » Dans ces discussions, la Générale des eaux est représentée par un avocat d'affaires réputé, Gilles August. Celui-ci est aussi un familier du premier cercle chiraquien : fils d'Émile August, vieil élu gaulliste, qui compta parmi les fondateurs du RPR, il entretient des relations étroites avec Laurence, la fille aînée du Président, et son intimité avec la famille est telle que c'est à lui que fut confié le soin, en 1993, de préparer le divorce de Claude, la cadette, quelques mois seulement après son mariage avec le politologue Philippe Habert [1].

1. Philippe Habert est décédé le 5 avril 1993. L'autopsie a conclu à une surdose de médicaments, sans que l'on sache si celle-ci fut accidentelle ou volontaire. *Cf.* Franz-Olivier Giesbert, *La Tragédie du Président, scènes de la vie politique, 1986-2006, op. cit.*

Mais tout cela, Méry l'ignore. Aux rares amis qui lui restent, il confie qu'il se sent « sous surveillance ». Il ne sait pas à quel point il a raison. Les pourparlers traînent en longueur. Quand Méry se fait accompagner de son avocat fiscaliste, Alain Belot, celui-ci lui livre son impression : « J'avais le sentiment que Gilles August n'avait rien de concret à proposer à Méry et qu'il était simplement là pour temporiser. » De fait, l'espoir d'une vente de terrain en banlieue parisienne, auquel il s'accroche, sera déçu. Dans l'intervalle, de discrets émissaires lui ont néanmoins apporté quelques enveloppes garnies de billets, aussitôt remises aux huissiers et aux créanciers – qui garderont la trace de ces versements d'origine mystérieuse : 30 000 francs, 40 000 francs, puis 30 000 à nouveau, 195 000, 50 000... À l'automne, juste avant un nouvel interrogatoire prévu chez le juge, il reçoit 250 000 francs. Sur l'intervention de Rémy Chardon, ancien directeur du cabinet de Chirac à l'Hôtel de Ville – affecté auprès d'Alain Juppé à Matignon –, la somme a été prise sur les fonds spéciaux du gouvernement et l'opération habillée en transaction anodine : la vente d'un guéridon ancien que, pourtant, l'épouse de Méry n'a jamais vu...

Le 24 novembre, le promoteur se rend à une nouvelle convocation du juge Halphen. Nerveusement épuisé, de plus en plus malade – il est diabétique et souffre d'une hépatite C –, il refuse à nouveau de répondre aux questions. Quelques jours plus tôt, il s'est fait agresser dans un parking. Plusieurs coups de téléphone anonymes l'ont affolé. Le 27 novembre, il confie à Alain Belot, une « Lettre ouverte » manuscrite, dans laquelle il écrit : « Parvenu au bout de ma patience, j'ai fait savoir que j'allais reprendre ma liberté de parole et d'action » et précise qu'au cas où il lui arriverait malheur, « ce ne serait pas un suicide ni un accident »[1]. L'idée d'une confession enregistrée qui lui servirait d'« assurance vie » lui est venue à l'esprit ; il l'a évoquée avec Belot ainsi qu'avec un ami restaurateur, qui lui a offert un salaire et un bureau dans une petite société de travaux publics, à Vitry-sur-Seine, où il passe ses journées au téléphone. Le 13 décembre, il concrétise ce projet : dans une petite pièce de l'agence d'Arnaud Hamelin, il fait filmer son long récit par le journaliste. Seul témoin, Belot emporte la cassette et se rend, le lendemain, à sa banque pour la déposer dans un coffre.

Le 15 décembre, un événement inattendu renforce l'amertume de Méry : le juge Halphen accorde un non-lieu à Michel Roussin. « Un doute existe sur le point de savoir si Michel Roussin a reçu de l'argent de la part de Jean-Claude Méry et ce doute doit bénéficier au mis en examen[2] », conclut l'ordonnance du magistrat. L'ancien ministre échappant

1. « Lettre ouverte » de Jean-Claude Méry, 27 novembre 1995. Archives de l'auteur.
2. Ordonnance de non-lieu partiel du juge Éric Halphen, 15 décembre 1995. Archives de l'auteur.

aux poursuites, le promoteur se sent abandonné en première ligne.

Le 16 janvier 1996, il lance un dernier avertissement. Dans une seconde lettre manuscrite, il prévient que sa situation l'a « encouragé à laisser une trace concrète de ce qu'on [lui] avait demandé de faire depuis des années[1] ». Le texte, long de quatre pages, ne mentionne pas l'identité du destinataire, mais il a confié à son avocat qu'il était destiné à Bernard Pons[2]. Il commence par ces mots :

« Je me vois contraint aujourd'hui d'écrire cette lettre, puisqu'il semble évident qu'aucun message oral n'est suivi d'effet.

« C'est à vous que je m'adresse, mais cette lettre s'adresse en fait à tous ceux qui défendent les intérêts de M. le Président et à lui-même au premier chef. »

La suite est explicite : il évoque les « quelques gestes venus faire durer l'espoir » – les enveloppes de billets et un coup de pouce pour l'obtention d'un crédit auprès d'une banque – mais en réclame davantage et fixe des échéances financières très précises afin d'apurer ses dettes. « L'enjeu est suffisamment important, conclut Méry, pour que l'on sache mettre certains "fonds" à disposition et régler convenablement ces problèmes [...]. Dois-je oublier

1. Lettre de Jean-Claude Méry, 16 janvier 1996. Archives de l'auteur.
2. Interrogé en qualité de témoin le 4 avril 2002, Bernard Pons a affirmé n'avoir jamais reçu ce courrier.

tout ce qui a guidé mes faits et gestes et en arriver au chantage ou va-t-on enfin agir correctement à mon égard ? Dois-je faire face indéfiniment à ma famille qui croyait comprendre mon attitude mais qui considère qu'aujourd'hui, celui que j'ai servi a la mémoire bien courte et par trop relative ? Je sais intimement que j'ai eu raison d'agir comme je l'ai fait par le passé. Prouvez-le-moi. Bien respectueusement, Jean-Claude Méry. »

Le parcours de cette lettre – dont la copie sera retrouvée, quatre ans plus tard, dans le coffre d'Alain Belot – reste un mystère, de même que les réactions qu'elle a pu susciter. Avant de décéder à l'hôpital, l'ex-financier occulte du RPR n'a jamais semblé avoir retrouvé la fortune. À ses rares confidents des derniers instants, il a pourtant murmuré qu'il s'était fait payer « aux États-Unis ». La trace de cet argent n'a pas été retrouvée.

Face à la caméra, l'air déterminé, Méry concluait ainsi sa confession : « Si mes négociations n'amènent à rien, je parlerai au juge. Mais là, ce sera fini. » Force est de constater qu'il n'a pas mis sa menace à exécution, gardant le silence sur ce qu'il avait fait, vu et entendu au temps de sa splendeur. À juger par l'effet produit quand, en septembre 2000, la cassette surgit finalement au grand jour, il est pourtant évident qu'il ne bluffait pas : s'il l'avait livré, de son vivant, à la justice, son testament accusateur n'aurait-il pas provoqué un tremblement de terre ?

135

Face à une attaque imprévue, le fortin élyséen a sa propre échelle de ripostes, qui va du silence méprisant à la déclaration solennelle, en passant par de multiples stades intermédiaires : la dépêche d'agence inspirée par « l'entourage du chef de l'État », le communiqué officiel, le propos public glissé à l'occasion d'une sortie présidentielle... Dans les heures qui suivent la publication de la cassette maudite, Dominique de Villepin a voulu marquer la gravité du moment. On a fait descendre la porte-parole de l'Élysée, Catherine Colonna, sur le perron du palais pour lire un communiqué ; elle demande que le document soit « sans délai transmis au procureur de la République, afin de s'assurer des conditions dans lesquelles il a été réalisé et soustrait à la justice ». La revendication est sans grand risque : il va de soi que tous les juges qui enquêtent sur le RPR, la Ville de Paris et les marchés d'Île-de-France vont sans tarder vouloir verser les propos de Méry à leurs dossiers respectifs et les conseillers du Président diagnostiquent, à première vue, que la plupart des accusations du promoteur sont couvertes par la prescription – en tout cas la principale, celle relative à l'épisode de la remise d'espèces à Matignon, en 1986.

Mais l'exigence d'une recherche sur les circonstances de l'enregistrement et son cheminement se fonde aussi, dans l'esprit de Villepin, sur un ingrédient psychologique autrement subtil : les juges ne connaissent de vérité que judiciaire et ils ne peuvent qu'enrager de voir ce qu'un des leurs a échoué à obtenir s'étaler dans les journaux ; leurs préventions instinctives face à cet objet non identifié sont un penchant à encourager. À cette susceptibilité s'ajoute le climat interne à la presse française, où l'émulation et la concurrence peuvent conduire à des rivalités aveugles. C'est, pour les hommes du Président, une raison supplémentaire de s'attacher à discréditer le document ; si ce but est atteint, les autres journaux se feront un devoir de minorer le scoop du *Monde*. Il est en tout cas urgent de focaliser l'attention sur la cassette et son origine : cela détournera les regards des révélations posthumes de Méry. Le hasard va se mettre au service de cette stratégie.

Dans l'après-midi du vendredi 22 septembre 2000, le juge d'instruction Armand Riberolles se rend au cabinet de l'avocat Alain Belot, proche de l'Arc de triomphe. Accompagné de policiers et d'un magistrat du parquet, il vient chercher l'original de la cassette.

« Je l'ai détruite, assure l'avocat, mal à l'aise.

– C'est grave, répond le juge. La destruction d'une preuve est un délit pénal. Pour un avocat, ça peut entraîner la radiation... »

Incrédules, les policiers insistent, multiplient les questions. Dans la soirée, Belot finit par céder : il révèle avoir, en réalité, remis l'enregistrement à l'ancien ministre socialiste Dominique Strauss-Kahn, dont il fut le collaborateur à la commission des finances de l'Assemblée nationale. « Il est le seul personnage d'État que je connaisse, explique-t-il. Je savais évidemment, pour avoir assisté aux confessions de Méry que l'ensemble des partis politiques était visé. Cette cassette me brûlait les doigts. J'avais la hantise que des pressions s'exercent sur moi. »

Dominique de Villepin est informé le lendemain matin – cette fois encore, la filière policière a fonctionné. Ce rebondissement stupéfiant lui fournit l'occasion d'une contre-attaque inespérée sur le terrain politique. L'implication de Dominique Strauss-Kahn, qui a déjà été atteint par les « affaires »[1], permettra au moins de semer la confusion – au mieux, d'accréditer une manipulation montée par les socialistes. Les aveux d'Alain Belot offrent en outre la possibilité d'une diversion spectaculaire. Car l'avocat a raconté, lors de son audition, avoir remis la cassette à l'ancien ministre au mois d'avril 1999, en marge d'un rendez-vous consacré au contentieux fiscal du couturier Karl Lagerfeld, dont il était le conseil.

Il faut agir vite. Dans les heures suivantes, ces informations sont livrées au coéquipier habituel de

---

1. En 1999, Dominique Strauss-Kahn avait dû démissionner du ministère de l'Économie et des Finances, le 2 novembre 1999, en raison de sa mise en cause dans l'affaire de la MNEF ; il était soupçonné d'avoir facturé à la mutuelle étudiante des prestations fictives de conseil, au moyen de documents antidatés. Le tribunal correctionnel de Paris l'a relaxé le 7 novembre 2001. Par ailleurs, il fut mis en examen dans l'affaire Elf, suspecté d'avoir fait salarier sa secrétaire par la compagnie pétrolière. Il a obtenu un non-lieu en octobre de la même année.

Villepin, Francis Szpiner. L'avocat les transmet à son tour à un journaliste de *L'Express*, Jean-Marie Pontaut, qui est aussi un ami de longue date. Hélas, l'hebdomadaire paraît le jeudi. Ni l'Élysée ni *L'Express* n'ont intérêt à patienter jusque là. Aussi la décision est-elle prise de dévoiler l'irruption de Dominique Strauss-Kahn dans l'affaire sur le site Internet de *L'Express* durant le week-end, au risque d'en atténuer l'impact, à quelques heures du référendum sur le quinquennat. Le dimanche 24 septembre à 19 heures, l'hebdomadaire met en ligne ses révélations – sans avoir recueilli les explications de l'intéressé.

Cet empressement sert les plans du secrétaire général. Car l'information diffusée est fausse sur un point décisif. « Me Belot, affirme l'article, a confié l'original de la cassette à Dominique Strauss-Kahn en avril 1999. En échange, il aurait réclamé un arrangement fiscal pour l'un de ses célèbres clients, Karl Lagerfeld. » Or jamais l'avocat n'a, au cours de son interrogatoire, établi un tel lien entre la remise de la bande et le contentieux du couturier – et en plein week-end, alors que personne ne peut encore accéder au contenu de la procédure judiciaire, il sera impossible d'y apporter un démenti circonstancié. Cette approximation sémantique n'est pas sans incidence : elle transforme la remise d'une cassette explosive en marchandage frauduleux et fait encourir au ministre, dès lors, un soupçon de corruption. De fait, le journal assure qu'un compromis fiscal fut bel et bien trouvé en faveur de Karl Lagerfeld. Au lieu d'un « faramineux redressement estimé à 300 millions de francs », le Trésor aurait « transigé à 50 millions », avance l'article. Ce détail est accablant, mais lui aussi est inexact : en fait, le créateur de mode se voyait réclamer 83 millions et il a dû en payer 46, à la suite d'une négociation conforme aux usages fiscaux, mais il faudra des semaines pour reconstituer le dossier et retrouver les chiffres[1].

Pour l'heure, l'effet de surprise permet à l'Élysée de pousser l'avantage. Le lundi matin, à 9 heures, Jacques Chirac téléphone à Lionel Jospin. Il l'informe qu'un communiqué sera publié dans la matinée par la présidence, dans lequel il exige du Premier ministre – sur la seule base des affirmations du site Internet de *L'Express* – « qu'une enquête soit diligentée » auprès de l'administration fiscale sur « l'éventuelle implication de son ancien ministre de l'Économie et des Finances » dans un arrangement frauduleux. Pris de vitesse, Jospin reste sans réaction. Il lui faudra trois jours pour apprendre, par la chancellerie, que les déclarations prêtées par *L'Express* à Alain Belot sont inexactes. Il sera déjà bien tard.

1. Dominique Strauss-Kahn a été exonéré de toute poursuite sur ces faits, le procureur général près la Cour de cassation, Jean-François Burgelin, ayant considéré, le 28 juin 2001, qu'ils ne justifiaient pas une saisine de la Cour de justice de la République sous l'incrimination de « concussion ». Le 4 juillet 2001, le tribunal de grande instance de Paris a condamné *L'Express* pour diffamation publique envers l'ancien ministre.

En attendant, l'air du soupçon emporte droite et gauche dans une inquiétante sarabande. Le couple exécutif affiche les dessous de sa relation au sommet de l'État, faite de suspicions et de vindictes réciproques – une union de façade, pour le pire bien plus que pour le meilleur. L'épreuve de la cassette Méry l'a démontré : la cohabitation n'organise pas le partage des pouvoirs mais la neutralisation mutuelle de ceux qui l'exercent. Lionel Jospin, qui dénonçait haut et fort, durant la campagne présidentielle de 1994, les turpitudes de la gestion parisienne, s'interdit désormais d'attaquer celui qui en était le responsable et le bénéficiaire. Dans la tourmente, le chef du gouvernement fixe la ligne qui sera la sienne jusqu'en 2002 : « Ces affaires ne nous concernent pas, lance-t-il à l'adresse des parlementaires du PS. [...] Je souhaite que nous ne nous en mêlions pas, que nous ne les exploitions pas. » Suit l'expression d'un dégoût sincère, qui sonne pourtant comme un renoncement : « Toutes ces affaires appartiennent à un versant de la vie politique que je n'aime pas, à l'écart duquel je me tiens depuis trois ans et quatre mois[1]. C'est d'autre chose que je m'occupe. » Les révélations posthumes de Jean-Claude Méry n'avaient-elles pas leur place, pourtant, dans le débat démocratique sans lequel la politique n'est qu'un concours d'intérêts ?

1. C'est-à-dire depuis son installation à Matignon, le 2 juin 1997.

Il n'empêche. La diversion élyséenne ayant réussi, restait à parachever l'ouvrage. Le 28 septembre, dans un long entretien accordé au *Monde*, le président du RPR, Philippe Séguin, lançait l'idée d'un « acte d'explication et de repentance générale [1] » sur les affaires de financement des partis politiques. Le député Patrick Devedjian, porte-parole du mouvement – et souvent préposé, à ce titre, aux escarmouches publiques – approuvait aussitôt : « Ce bombardement entre le PS et nous est dévastateur, non seulement pour nous mais pour la démocratie », suggérant un appel du chef de l'État « aux dirigeants de tous les partis à prendre leurs responsabilités ». Le même jour, Alain Juppé, tenté mais prudent, estimait que « c'est aux Français de savoir s'ils veulent tourner la page ou pas ».

À l'Élysée, le scénario de l'amnistie comptait plusieurs défenseurs. Jean-Claude Antonetti, le magistrat chargé des questions de justice, en avait plusieurs fois vanté l'intérêt dans des argumentaires écrits destinés à Dominique de Villepin. Jérôme Monod, vieux compagnon du chef de l'État et ancien président de la Lyonnaise des eaux, appuyait parfois ce point de vue. Et Jacques Toubon, qui avait rejoint le cabinet présidentiel après la dissolution, gardait de son expérience traumatique à la chancellerie le sentiment que « c'était sûrement une mauvaise solution, mais que c'était la seule ».

1. *Le Monde*, 29 septembre 2000.

Mais, à la fin de l'année 2000, l'avalanche continue des « affaires » et plusieurs études d'opinion confidentielles dissuadèrent le Président de s'engager sur cette voie. Au cours d'une explication télévisée, le 14 décembre, Jacques Chirac reconnut, certes, « une dérive qui a conduit les partis à rechercher par tous les moyens de l'argent » mais il certifia que « ces pratiques n'ont plus cours » et affirma : « On ne traite pas ces problèmes par la voie de l'amnistie ou de je ne sais quelle repentance. »

Au cours du même entretien, le chef de l'État jurait ne s'être « jamais occupé des problèmes de financement » et se déclarait « blessé » par l'évocation de la scène de la remise d'argent décrite dans la cassette Méry. Alors, le visage grave, il se lançait dans un plaidoyer *pro domo* qui visait, une fois encore, à opposer l'homme au système pour chasser les fantômes et leurs accusations : « Si vous interrogez des gens qui me connaissent – je ne parle pas du milieu politique, naturellement –, vous trouverez des gens qui disent sur moi des choses agréables, d'autres qui me critiquent, mais vous n'en trouverez jamais qui disent que je suis un homme d'argent ou qui pourrait transiger avec l'honnêteté. »

Le pire restait donc à venir.

VII

L'injusticiable

*Il nous reste à examiner comment l'homme
tyrannique naît de l'homme démocratique.*
Platon, *La République.*

L'affrontement était voué à l'échec. Éric Halphen le savait, sans doute ; mais il y avait en lui, consciente ou inconsciente, une envie d'en finir.

Le 20 mars 2001, après sept années de batailles judiciaires incessantes, d'espérances et de déceptions, d'attaques et d'isolement, le juge d'instruction de Créteil adressait une convocation au président de la République. Rédigée d'après un formulaire standard, elle désignait « M. Chirac Jacques, 55, rue du Faubourg-Saint-Honoré » et fixait l'audition à la date du 4 avril à 15 heures, au tribunal de Créteil. Le document, posté par la greffière comme une lettre ordinaire, précisait que le chef de l'État serait interrogé en qualité de témoin. Une fois l'enveloppe partie, le magistrat attendit en silence, sans prévenir personne – et sans savoir comment la réponse lui parviendrait.

Ouverte par le service du courrier de la présidence – qui ne se trouve pas à l'Élysée, mais dans une annexe des bâtiments du quai Branly –, la convocation est apportée en urgence, trois jours plus tard, au directeur de cabinet de Jacques Chirac, Bertrand Landrieu, qui provoque aussitôt une réunion. Après lecture, les hommes du Président n'arrivent pas à y croire. « Vérifions qu'il ne s'agit pas d'un faux ou d'une plaisanterie », préconise Francis Szpiner. Villepin charge le conseiller pour la justice, Jean-Claude Antonetti, de cette tâche. Le mardi 27 mars, en fin d'après-midi, une nouvelle réunion se tient dans le bureau de Landrieu. Antonetti confirme que le numéro de référence qui figure sur la convocation est authentique, mais précise que le parquet de Créteil, qu'il a interrogé, n'est au courant de rien. À l'Élysée, la perplexité augmente : habitués à être malmenés par la presse, les conseillers se demandent : « Si c'était vrai, les journalistes ne seraient-ils pas déjà au courant ? » Dans le trouble qui suivra, ils se demanderont bientôt s'ils n'ont pas eux-mêmes donné l'alerte en procédant aux vérifications nécessaires. Car le lendemain, *Le Parisien* révèle l'information ; sur toute la largeur de la première page, au-dessus d'une photo de Jacques Chirac, s'étale ce titre, en lettres énormes : « Convoqué ! »

Prévenu en pleine nuit, après un appel de l'Agence France-Presse à la présidence pour solliciter une réaction officielle, Dominique de Villepin sonne le branle-bas de combat. À 5 heures, il retrouve à l'Élysée Claude Chirac, Philippe Bas, le secrétaire général adjoint, Agathe Samson, chef du service de presse, et l'adjoint de celle-ci, Laurent Glépin, Jean-Claude Antonetti et Francis Szpiner. Ensemble, ils rédigent un communiqué qui sera soumis, peu avant 6 heures, au chef de l'État – que l'on a laissé dormir. Validé par le Président, le texte est transmis aux médias quelques instants plus tard. Il indique solennellement que Jacques Chirac ne détient aucune « information susceptible d'éclairer l'autorité judiciaire » et qu'il ne peut, au demeurant, « déférer à une telle convocation, contraire aux principes de la séparation des pouvoirs comme aux exigences de la continuité de l'État ». Sur ce signal, les hérauts habituels de la chiraquie – Patrick Devedjian, Michèle Alliot-Marie, Jean-Louis Debré – fustigent publiquement le juge Halphen et l'accusent de « violer la Constitution ». Aux premières heures de la matinée, leurs protestations véhémentes se mêlent à l'annonce de la convocation pour former, sur toutes les chaînes de radio et de télévision, un écho assourdissant.

Tactique, la contre-attaque de l'Élysée se focalise sur un détail de la convocation – il est vrai hautement symbolique. Conformément à l'usage, le document signé par Éric Halphen évoque la possibilité, en cas de refus du destinataire de comparaître, de l'y contraindre « par la force publique ». Les citoyens ignorant le caractère routinier de cette mention, les hommes du Président décident de la mettre en avant, en la présentant comme une menace explicite adressée au chef de l'État. Avec quelque naïveté, le juge écrira, plus tard, dans un livre de souvenirs[1], s'être seulement demandé s'il pouvait maintenir, dans cette convocation peu ordinaire, l'inversion traditionnelle du nom et du prénom – « M. Chirac Jacques » –, que certains pouvaient « juger humiliante » et avoir répondu par l'affirmative à cette interrogation, au nom de l'égalité de tous devant la justice. « En revanche, précisera-t-il, je n'avais pas du tout prévu la réaction violente de l'Élysée. Dans mon esprit, Jacques Chirac était quelqu'un d'assez "sportif" pour accepter de jouer le jeu. Il a préféré s'expliquer à la télévision, trouvant sans doute qu'une interview avec des journalistes plus ou moins complaisants valait explication devant le juge. Et qu'il ne fallait pas s'abaisser à me faire parvenir sa réponse officielle[2]. »

En réalité, l'initiative d'Halphen constituait une faute plus significative, mais que les défenseurs du Président étaient les derniers à pouvoir invoquer. Car le choix du statut de témoin exprime sans ambiguïté l'absence de tout indice et *a fortiori* de toute charge à l'encontre de la personne convoquée.

1. Éric Halphen, *Sept ans de solitude*, Denoël, 2002.
2. *Ibid.*

En droit, le témoin est celui qui a pu avoir connaissance d'une infraction sans y prendre part. Or c'est sur la base de la cassette Méry que le magistrat s'était résolu à convoquer l'ancien maire de Paris, que jamais auparavant il n'avait souhaité interroger dans le cadre de son instruction, en 1994. Pouvait-il décemment considérer que la confession posthume de l'ancien collecteur de fonds n'apportait aucun élément susceptible d'impliquer Jacques Chirac dans le « système » qui y était décrit avec tant de détails ? C'est difficile à croire, mais l'argument n'était guère exploitable pour l'Élysée. En fait, les aveux filmés de Méry ne lui offraient qu'une seule alternative : soit il considérait que la disparition de leur auteur les rendait inopposables, donc dénués d'intérêt pour son enquête, et il ne pouvait s'en prévaloir pour convoquer qui que ce fût ; soit il tenait ces déclarations pour utiles, sinon probantes, et il devait considérer qu'elles contenaient plusieurs mises en cause directes qui lui interdisaient de questionner Jacques Chirac comme simple témoin, hors la présence d'un avocat.

En inventant une troisième option acrobatique, le juge Halphen espérait surtout contourner l'interdiction édictée par le Conseil constitutionnel et devant laquelle son collègue Patrick Desmure avait dû s'incliner. Après tant d'efforts déçus sur la piste du financement occulte du parti chiraquien, il serait, lui, le premier magistrat à faire venir à lui le chef de l'État. Ce serait une revanche éclatante – ou, à défaut, une sortie glorieuse du piège dans lequel il s'était enferré.

Pour Éric Halphen, le « dossier marrant » annoncé par un substitut en 1994 était devenu un fardeau, parfois même un cauchemar. Jamais magistrat ne connut de conditions de travail plus éprouvantes. Le procureur de Créteil lui témoignait une défiance évidente, les policiers ne lui rendaient pas toujours compte ; le plus expérimenté des enquêteurs obtint subitement la promotion qu'il attendait depuis longtemps. Les perquisitions qu'il projetait, mystérieusement éventées, se révélaient infructueuses. Plusieurs intermédiaires visés par l'instruction prenaient subitement la fuite à la veille d'être arrêtés. Les lettres anonymes arrivaient par dizaines à son cabinet, suggérant autant de pistes impossibles à vérifier. Certaines étaient tentantes ; lorsque le juge s'y élançait, il débouchait le plus souvent dans une impasse.

Chacune de ses décisions était guettée, scrutée, disséquée par des avocats qui se cachaient à peine de faire cause commune contre lui : la défense de leurs clients – entrepreneurs, faux facturiers, hommes d'affaires, dirigeants de l'OPAC ou hommes politiques – était d'abord celle du RPR. Le juge n'était, certes, pas exempt de reproches. Par empressement, agacé par les escarmouches juridiques incessantes dans lesquelles il lui semblait ne pas pouvoir lutter à armes égales, il lui arriva de se fourvoyer. Amateur de football, Halphen reconnaissait volontiers qu'en matière procédurale, où tout est parfois question d'appréciation, le juge doit souvent « jouer à la limite du hors-jeu ». Lui fut comme un avant-centre qui aurait été sifflé chaque fois qu'il filait vers le but. Plusieurs pans entiers de son enquête furent annulés par la cour d'appel, saisie de requêtes préparées par un pool d'avocats régulièrement reçus à l'Élysée.

La surveillance dont il était l'objet n'était pas seulement procédurale. Après l'affaire Schuller-Maréchal, qui révéla le comportement trouble de son beau-père, la vie privée du magistrat fut elle aussi malmenée. Son idylle avec une journaliste fut surprise, commentée en haut lieu, leurs conversations téléphoniques surveillées[1], les vacances du couple aux Antilles épiées, peut-être photographiées – « Nous avons pu photographier le juge », prétendait Méry dans sa confession filmée. D'incertaines menaces pour sa sécurité lui furent même rapportées par sa hiérarchie. Il refusa toute protection policière, de peur de légitimer ainsi l'espionnage de ses faits et gestes. Ajouté à la solitude, ce climat oppressant ne contribuait pas à la sérénité qu'exigeait une enquête sur le parti du Président. Le jeune homme sincère et enthousiaste qui

---

1. Dans son livre, le juge relate plusieurs épisodes troublants. *Cf.* Éric Halphen, *Sept ans de solitude, op. cit.* La réalité de ces écoutes et surveillances est confirmée par Claude Angeli et Stéphanie Mesnier, in *En basse campagne*, Grasset, 2002.

découpait les articles de presse et rêvait d'une justice exemplaire était devenu méfiant et tourmenté. Il se sentait harcelé. À l'occasion de l'un de ses nombreux affrontements avec le pouvoir, Ségolène Royal le qualifia un jour de « héros des temps modernes ». Il l'était devenu, mais à son corps défendant : un héros de tragédie grecque, jouet entre les mains des dieux de l'Olympe, ballotté au gré de leurs vindictes, de leurs ruses et de leurs compromis. Aussi avait-il prononcé la clôture de l'instruction sur les HLM de Paris, en octobre 1999, avec autant de soulagement que de frustration. Il n'avait pas trouvé ce qu'il cherchait – la preuve tangible d'un financement occulte du RPR autour des marchés publics de la capitale – mais il pouvait enfin tourner la page.

C'est alors que le fantôme de Méry était venu le tirer par les pieds. Pour l'attirer en enfer.

Dans sa ferveur, Éric Halphen avait en effet négligé un écueil : un an et demi plus tôt, la cour d'appel avait ordonné la suspension de son instruction, dans l'attente d'un jugement sur la régularité de l'ensemble de la procédure ; au moment où il versa la cassette Méry à son dossier, cette mesure n'était pas levée. L'annulation était inéluctable. Le juge savait qu'elle emporterait l'invalidation de tous les actes accomplis depuis la découverte de l'enregistrement, y compris la convocation du président de la République. Le 3 avril, une issue dérobée s'offrit à lui : il s'y précipita. Le directeur adjoint de l'OPAC, François Ciolina, vint corroborer, sur procès-verbal, les accusations posthumes de Méry. « Certains entrepreneurs m'ont dit ouvertement que, pour obtenir des marchés, il fallait déposer des espèces au cabinet du maire de Paris », déclarait-il, précisant avoir recueilli, du vivant du promoteur, la confidence que celui-ci « amenait de l'argent au cabinet du maire et au RPR ». Nommé par Jacques Chirac pour « mettre en place un système », le directeur de l'office, Georges Pérol, élu corrézien au tempérament accommodant, était requis « d'avaliser les choix faits par Méry » pour sélectionner les entreprises, affirme-t-il. Au juge qui lui demandait l'identité des donneurs d'ordre, Ciolina répondit : « Michel Roussin. Ou Jacques Chirac lui-même [1]. »

Ajoutant cette déposition aux déclarations de Méry, Halphen se dépêcha, cette fois, de suivre l'exemple de son collègue de Nanterre, Patrick Desmure. Le 25 avril, il se déclara « incompétent » pour poursuivre son enquête, considérant qu'existaient désormais « des indices rendant vraisemblable que Jacques Chirac ait pu participer, comme auteur ou complice » aux délits qu'il avait découverts et que, dès lors, seule la Haute Cour de justice était en mesure de le poursuivre [2]. Mais cela ressemblait à une

1. Procès-verbal d'interrogatoire de François Ciolina, 3 avril 2001. Archives de l'auteur.
2. « Ordonnance d'incompétence » du juge Éric Halphen, 25 avril 2001. Archives de l'auteur.

fuite en avant. Pour prendre ses adversaires de vitesse, il avait court-circuité le parquet, dont il était pourtant tenu de solliciter les réquisitions avant de rendre sa décision. Le 4 septembre 2001, la cour d'appel lui infligea une sanction définitive : elle dessaisit le juge de Créteil, transféra le dossier au tribunal de Paris et annula tous les actes litigieux – de la convocation du mois de mars à l'ordonnance finale, en passant par la cassette et l'interrogatoire de Ciolina –, effaçant ainsi toute trace de la mise en cause du chef de l'État dans cette affaire.

Quelques mois plus tard, Éric Halphen demandait sa mise en disponibilité et quittait la magistrature. « La lassitude a fait place au dégoût[1] », écrira-t-il. Sans doute avait-il commis des erreurs. Sans qu'il l'ait voulu, son enquête avait fini par devenir un combat personnel que, dès lors, il ne pouvait que perdre. Il s'était attaqué à plus fort que lui.

Le premier magistrat de France n'est pas un juge : c'est le président de la République. Sous cette formule consacrée aux allures honorifiques se cache une réalité, qui distingue nettement notre pays des autres démocraties occidentales. Désigné par la Constitution comme le « garant de l'indépendance de la justice », il exerce sur elle davantage qu'une influence : une domination. Tous les magistrats de l'ordre judiciaire sont nommés par décret présiden-

---

1. Éric Halphen, *Sept ans de solitude*, *op. cit.*

tiel. La désignation des procureurs généraux, adoptée en Conseil des ministres – formulation classique qui signifie, en réalité : sur la seule décision du chef de l'État –, échappe à toute forme de contrôle. Celle des autres juges, du siège comme du parquet, résulte du choix du chef de l'État, sur la proposition du Conseil supérieur de la magistrature (CSM), dont il est aussi le président et dont il choisit tous les membres.

Signe matériel de cette suzeraineté, l'Élysée accueille toujours les séances plénières du CSM, dont les bureaux restent situés à l'Élysée. Et le chef de l'État préside, chaque année, la rentrée solennelle de la Cour de cassation – certes sans y prendre la parole, mais en exerçant physiquement, ce jour-là, le pouvoir qui est le sien de pénétrer sur le territoire de la justice. Au reste, de cette addition de pouvoirs découle une indéniable sujétion de l'ensemble du corps judiciaire envers l'exécutif, dont les présidents successifs de la Ve République ont volontiers abusé, tout en tenant à cet égard les discours les plus chastes. Après avoir proclamé son désir de rompre avec les ingérences passées, François Mitterrand, à peine installé au sommet de l'État, avait ainsi affirmé, dans les faits, sa volonté d'être moins un protecteur qu'un contrôleur des magistrats – pour ne pas dire un censeur. Publiée en 2000, l'étude d'un chercheur du CNRS, Alain Bancaud, en a apporté des preuves édifiantes : archives à l'appui, l'auteur mettait en évidence

155

interventions cachées et arrière-pensées politiques qui motivèrent, dès les premières années (1981-1983), les décisions du président socialiste en matière de justice. « Il paraît souhaitable que l'Élysée conserve – comme il l'a toujours fait – un minimum de contrôle sur ce qui se passe dans la justice », prônait ainsi, en 1982, un conseiller de l'Élysée dans une note adressée au chef de l'État[1]. Deux septennats plus tard, le même Mitterrand reconnaissait être intervenu pour faire ralentir les procédures contre René Bousquet, ancien chef de la police du régime de Vichy. « C'est vrai pour ce genre de procédure judiciaire, celles qui ravivent toutes les plaies, disait-il. J'en prends la responsabilité... »

Rien n'a changé et, nonobstant la bienséance des textes et la courtoisie feutrée des échanges entre l'Élysée, la chancellerie et les magistrats eux-mêmes, tous les familiers du monde judiciaire savent que les nominations et les mutations les plus sensibles, jusqu'aux désignations de tel ou tel juge, à l'intérieur d'une juridiction, pour instruire certains dossiers délicats, restent du ressort effectif de la présidence

---

1. *Cf.* Alain Bancaud, « Le paradoxe de la gauche française au pouvoir : développement des libertés judiciaires et continuité de la dépendance de la justice », in *Droit et Société*, n° 44-45, 2000. À propos des nominations au CSM, l'auteur relevait aussi : « De manière générale, les membres choisis par le président de la République sur les listes de trois candidats proposés par les "corps constitués" sont sélectionnés en vertu de leurs opinions, engagements, relations politiques, de leur carrière sous le gouvernement précédent, de leur appartenance syndicale, de leur recommandation par des proches du Président. »

– sans oublier l'exercice du droit de grâce, héritage inchangé des monarchies anciennes, que le prince moderne complète à son gré d'amnisties générales ou individuelles. En 2002, après sa réélection, Jacques Chirac assumera de façon éclatante cette fonction de pilotage de l'institution judiciaire en imposant, au poste de directeur de cabinet du garde des Sceaux, son propre conseiller pour les questions judiciaires, Laurent Le Mesle. Magistrat subtil et flegmatique, ce dernier avait été banni de la chancellerie par Élisabeth Guigou en 1998, pour avoir écrit, dans un petit ouvrage technique[1], que les représentants du parquet tiraient leur légitimité de leur « rattachement hiérarchique au garde des Sceaux » au moment même où la ministre préparait une réforme fondée sur le principe inverse de l'indépendance des procureurs.

L'ironie de l'histoire est que la révision constitutionnelle supprimant le lien de subordination entre le parquet et la chancellerie avait été lancée, à l'origine, par Jacques Chirac lui-même. Interrogé à la télévision, le 12 décembre 1996, à propos des interventions du pouvoir sur le cours des « affaires », le Président avait lâché cet aveu d'impuissance : « Les procureurs n'obéissent pas [...] Le garde des sceaux ne peut pas, contrairement à ce que l'on dit ou à ce que l'on croit, intervenir auprès de la justice ».

1. Laurent Le Mesle et Frédéric-Jérôme Pansier, *Le Procureur de la République*, PUF, coll. « Que sais-je ? », 1998.

C'est pourquoi il suggérait d'« examiner la possibilité de rendre le parquet indépendant du garde des Sceaux », assortissant l'idée de ce diagnostic fataliste : « On y aura beaucoup plus d'avantages que d'inconvénients. » Après la défaite électorale de 1997, le projet incomba à Élisabeth Guigou. L'intelligence avec l'Élysée était alors parfaite : Jospin et Chirac partageaient – au moins en apparence – la même volonté de renforcer l'indépendance de la justice. Au point que les deux hommes retravailleront ensemble, « plume à la main », avec la ministre, son directeur de cabinet, Christian Vigouroux, et Dominique de Villepin, le futur texte constitutionnel[1].

Jugée « très raisonnable » par le Président[2], la partie consacrée au parquet suscitait toutefois la méfiance des chefs de la droite. Le 15 avril 1998, Chirac faisait adopter le projet en Conseil des ministres. Mais un mois plus tard, les déclarations d'Élisabeth Guigou sur Europe 1, qui assimilaient le chef de l'État à un justiciable ordinaire[3], transformèrent la suspicion en hostilité. Après ces mots, l'Élysée ne lui fit plus confiance. Au long de 1999, les avancées de l'enquête du juge Desmure, à Nanterre, et les rivalités fratricides de la droite parisienne alimentèrent encore les angoisses du camp chiraquien. Si bien

1. *Cf.* Élisabeth Guigou, *Une femme au cœur de l'État*, entretiens avec Pierre Favier et Michel Martin-Roland, Fayard, 2000, p. 251.
2. *Ibid.*
3. *Cf.* chapitre IV, p. 99.

qu'au mois de janvier 2000, à quelques jours de la réunion du Congrès pour le vote final du texte, il était acquis que le RPR s'y opposerait. Pour éviter un échec, le chef de l'État annula la convocation et le projet fut enterré. C'est ainsi qu'ayant tenté, comme dans un instant d'égarement, de se défaire de l'un de ses pouvoirs, il en fut empêché par les siens. Le présidentialisme avait triomphé du président.

Maître de ses juges, protégé par le Conseil constitutionnel, le chef de l'État pouvait se penser hors d'atteinte. Le 14 décembre 2000, estimant avoir terrassé le spectre Méry, il avait lancé, à la télévision : « Il n'y a pas de vide juridique pour le chef de l'État. S'il a fauté avant ou pendant ses fonctions, il y a une procédure particulière, qui est la Haute Cour de justice et qui est conforme à l'esprit même des institutions. » Traduction stricte de la décision du Conseil constitutionnel de janvier 1999, cette affirmation semblait presque provocante, tant la perspective d'une telle procédure paraissait chimérique.

Au printemps 2001, pourtant, un député décide de relever le défi. Jeune avocat passionné de politique, Arnaud Montebourg a fait ses armes à Paris, en portant devant le procureur l'affaire de l'appartement d'Alain Juppé, qui entama si cruellement l'autorité du Premier ministre. Militant socialiste de longue date, il s'est ensuite fait élire en Saône-et-Loire après la dissolution et commence à ferrailler contre le régime, se posant ostensiblement en lointain légataire du François Mitterrand du *Coup d'État permanent* – au point de publier lui aussi un pamphlet vigoureux[1] et de fonder, sur son modèle, un mouvement au nom évocateur : Convention pour la 6e République[2]. C'est aussi un orateur brillant à l'éloquence classique, qui puise son inspiration dans les discours enfiévrés de Gambetta et de Victor Hugo contre Napoléon III, tout en revendiquant une admiration pour Edgar Faure qui laisse également supposer, chez ce bretteur enflammé, une disposition pour l'habileté manœuvrière.

Au mois de mai 2001, Montebourg entreprend une campagne discrète dans les couloirs du Palais-Bourbon. Il veut convaincre ses collègues de signer le texte d'une proposition de résolution visant à traduire Jacques Chirac devant la Haute Cour. Pour qu'un vote soit organisé sur sa proposition, il doit rallier un dixième des députés – soit 58 signataires. Sa démarche a été minutieusement préparée : elle se fonde, pour l'essentiel, sur les découvertes du juge Desmure et l'implication du président de la République qu'elles avaient mise en lumière ; elle joue, aussi, sur le trouble qu'a causé, parmi les élus de gauche, le refus du chef de l'État de déférer à la

---

1. Arnaud Montebourg, *La Machine à trahir, rapport sur le délabrement de nos institutions*, Denoël, 2000.
2. En 1964, François Mitterrand avait fondé la Convention des institutions républicaines.

convocation du juge Halphen. Rédigé d'une traite, au cours de brèves vacances en Tunisie, le texte se réfère en outre au précédent américain du Watergate.

En 1972, l'effraction du siège de campagne du parti démocrate par des cambrioleurs à la solde de la Maison-Blanche avait dévoilé une vaste organisation clandestine d'espionnage et de sabotage au profit de la réélection du président républicain Richard Nixon. De révélation en révélation, malgré les pressions exercées sur la justice et le FBI et les dénégations contradictoires de Nixon, le scandale avait fini par exiger une réaction du Congrès : en 1974, une procédure d'*impeachment* avait été lancée par des élus démocrates à la Chambre des représentants, qui devait aboutir à la destitution du président. Le 8 août 1974, se sachant perdu, Nixon avait démissionné.

Pour Montebourg, l'exemple est éclairant. Il montre qu'aux États-Unis, le pays au monde où la séparation des pouvoirs est appliquée avec le plus de rigueur, les parlementaires de l'opposition ont su – et pu – utiliser les procédures existantes pour mettre en accusation le chef de l'État. Non pour abattre la personne, mais pour protéger l'institution. Prêtant serment, le chef de la commission judiciaire du Congrès, Peter Rodino, avait juré d'agir « avec prudence, décence et dignité afin que, quel que soit le résultat, la vaste majorité du peuple américain et les générations futures puissent dire :

"C'était ce qu'il convenait de faire[1]." » Et après six mois de travail et la confirmation des exactions de Nixon, c'est parce que le président américain savait que sa propre majorité au Sénat ne le défendrait pas qu'il s'était résolu à démissionner. Pour Montebourg, telle est la marche à suivre. La lecture des livres des journalistes du *Washington Post* Bob Woodward et Carl Bernstein, rendus célèbres par leurs enquêtes sur le Watergate[2], qu'il a empruntés à la bibliothèque de l'Assemblée, lui a donné des frissons, tant il est convaincu que seule une « révolte parlementaire » mettra un terme à l'absolutisme présidentiel français.

Mais il y a plus qu'un océan entre la culture démocratique américaine et les traditions politiques hexagonales, que hantent toujours les ombres monarchiques. En 1836, Tocqueville, qui fut lui-même magistrat et parlementaire, soulignait déjà ces différences, observant que dans la jeune république d'outre-Atlantique, la possibilité ouverte aux citoyens d'invoquer la responsabilité – politique ou pénale – des agents de l'exécutif n'avait « pas affaibli les ressorts du gouvernement », mais au contraire « augmenté le respect qu'on doit aux gouvernants, ceux-ci prenant beaucoup plus de soin

---

1. *Cf.* Claude Moisy, *Nixon et le Watergate, la chute d'un président*, Hachette, 1994.
2. Bob Woodward et Carl Bernstein, *Les Fous du président*, Robert Laffont, 1975, et *Les Derniers Jours de Richard Nixon*, Robert Laffont, 1977.

d'échapper à la critique »[1]. « Les Américains, ajoutait-il, pensent qu'il faut traiter l'arbitraire et la tyrannie comme le vol : faciliter la poursuite et adoucir la peine. » Un siècle et demi plus tard, le député de Saône-et-Loire se confronte à une doctrine exactement inverse : tout est fait pour lui rendre la tâche plus ardue. Pour Jospin, la seule condamnation à obtenir pour Jacques Chirac est la défaite électorale ; d'ici là, considère-t-il, toute tentative de faire juger le président de la République pour des délits passés sera vouée à l'échec puisque le Sénat, acquis à la droite, fera rempart ; l'opinion y verra un combat strictement politicien qui perturbera la cohabitation et nuira à ceux qui l'auront provoqué. Aussi la consigne est-elle fermement dispensée aux députés par le premier secrétaire du PS, François Hollande, et le chef du groupe parlementaire, Jean-Marc Ayrault : « Défense de signer la résolution Montebourg. »

Pourtant, plusieurs entrevues discrètes avec de hauts magistrats réputés proches de la gauche ont convaincu le député que son argumentation juridique était solide et sa cause juste. Son parrain en politique, Pierre Joxe, l'a reçu à la Cour des comptes – dont il est alors le premier président ; mitterrandiste fidèle quoique adversaire résolu du présidentialisme, il l'a encouragé, mais sans optimisme

---

1. Alexis de Tocqueville, *De la démocratie en Amérique*, Gallimard, coll. « Folio histoire », 1998, t. 1, pp. 171-172.

excessif. « Jospin ne veut pas bouger sur les "affaires", lui a-t-il dit. C'est pour ça qu'il n'a pas voulu me faire nommer à la chancellerie. » Élisabeth Guigou, qui apprécie son tempérament, lui confirme que le Premier ministre « ne veut pas d'un déballage qui salirait tout le monde ». Plus abrupt, Jean-Christophe Cambadélis l'avertit : « Lionel t'empêchera d'y arriver. Il considère que chaque fois que tu attaques Chirac, l'Élysée lancera une affaire contre nous. »

Il n'a pas tort. Depuis les flèches lancées sur la disponibilité de Lionel Jospin au Quai d'Orsay entre 1993 et 1995, Dominique de Villepin n'a pas cessé de fourbir de nouvelles armes contre le cohabitant de Matignon. Il a commandé aux renseignements généraux un rapport sur « l'ultra-gauche en France » qui ne cite pas le nom du Premier ministre mais dont la matière nourrit les confidences distillées à certains journalistes choisis, sur le thème du « secret indicible de Jospin » : celui de son engagement trotskiste de jeunesse. Par ailleurs, son compère habituel, Francis Szpiner, s'est fait opportunément désigner pour assurer la défense de l'un des intermédiaires poursuivis dans l'affaire Destrade – du nom d'un ancien député socialiste –, qui semble dévoiler une filière de financement occulte du PS. À travers l'avocat, l'Élysée suit au plus près les évolutions de cette enquête, dans laquelle est mis en cause un homme d'affaires nommé Richard Moatti, qui est aussi un ami personnel de Jospin.

Au cours d'un déplacement à Pau, où est instruit le dossier, Szpiner a suggéré à l'avocat de Destrade, stupéfait, qu'un système de défense efficace consisterait à impliquer l'ancienne direction du PS – et son premier secrétaire, Lionel Jospin... Quant à Cambadélis, il est lui-même cité dans le dossier des malversations commises au préjudice de la MNEF, mutuelle étudiante qui a contribué à la carrière de nombreux dirigeants socialistes[1].

Mais Montebourg n'en a cure. Certes, l'un de ses amis de jeunesse, qui est aussi un proche de Villepin, lui a fait part de la certitude affichée à l'Élysée : « Ils sont tranquilles. Ils disent que c'est Jospin qui t'arrêtera. » Mais lui refuse d'y croire. Ses détracteurs le croient cynique, uniquement préoccupé de lui-même ; en réalité, c'est un idéaliste roué, un romantique calculateur, doublé d'un infatigable dialecticien. À Matignon, il a ses propres contacts ; et ceux-là ne le découragent pas. Tous les quinze jours, il prend son petit-déjeuner avec la conseillère de Jospin pour les affaires intérieures, Clotilde Valter, et les deux magistrats chargés des questions judiciaires, Daniel Ludet et Robert Gelli. « On ne pourra pas t'aider, mais il est utile que tu le fasses », lui ont-ils dit. Le député s'accroche à ces encouragements officieux, dans lesquels il décèle, espiègle,

---

1. Jean-Christophe Cambadélis a été condamné dans cette affaire, en 2006, à six mois d'emprisonnement avec sursis.

le signe de « ce dédoublement qui existe chez Lionel Jospin lui-même ».

À l'Assemblée, il visite l'un après l'autre ses collègues, s'enferme avec chacun d'eux pour exposer son raisonnement, plaide sa cause, multiplie les arguments, ravive les souvenirs douloureux des « affaires » du mitterrandisme, quand la droite chiraquienne demandait justice. Aux hésitants, il lit et relit cet article paru dans *Le Monde* en 1992, sous la signature de Jacques Chirac, et qui s'achevait sur ces mots : « Ce qui doit changer, c'est aussi et surtout un état d'esprit, une pratique de la politique. Faire passer des solidarités de parti avant l'exigence de justice, la fidélité à ses amis avant l'éthique ; faire peu de cas des principes dont on se réclame par ailleurs ; accepter le pouvoir, mais non les devoirs et les contraintes morales de ce pouvoir, voilà ce que les Français ne supportent plus[1]. » Le réquisitoire est convaincant. Montebourg engrange un à un les soutiens, matérialisés sous la forme de petits coupons de papier qu'il dissimule dans son petit bureau à l'Assemblée, entre les pages d'un livre posé sur une étagère – celui d'un ancien membre du Conseil constitutionnel, Jacques Robert, dont le titre lui semble un symbole amusant : *La Garde de la République*[2].

1. « Laisser passer la justice », *Le Monde*, 25 novembre 1992.
2. Jacques Robert, *La Garde de la République*, Plon, 2000.

166

Le secret est en effet devenu une nécessité. Tous les députés réputés favorables à sa cause, ou simplement proches de lui, ont été approchés et sermonnés. Auprès de plusieurs d'entre eux, le président de l'Assemblée, Raymond Forni, et l'ancien premier secrétaire Henri Emmanuelli ont usé d'intimidations explicites, assurant que les signataires de la résolution ne seraient pas réinvestis par le PS aux prochaines élections législatives. À Montebourg lui-même, le président du conseil général du Nord, Bernard Derosier, a glissé, sur un ton aigre-doux : « Chez toi, on va présenter une femme, ou un Vert. » Grisé par l'aventure, le député de Saône-et-Loire lui a répondu : « Faites-le. Je l'écraserai. »

Le 22 mai, espérant forcer l'avantage, Montebourg rend publics, dans *Le Monde*, les noms des trente premiers signataires. Mobilisés par l'Élysée, les chefs de la droite crient au complot politique et dénoncent le « double jeu » du Premier ministre. Le lendemain, le groupe socialiste sort sa parade : une proposition de révision constitutionnelle qui instaurerait la compétence des tribunaux ordinaires pour les infractions commises par le président de la République avant son entrée en fonctions. Improvisé à la hâte, le texte tourne résolument le dos à la jurisprudence du Conseil constitutionnel – mais il est vrai qu'elle est loin d'avoir fait taire les contestations – et apparaît comme un artifice, uniquement destiné à gagner du temps et à occuper le terrain.

Son but principal est de couper Arnaud Montebourg dans son élan, en offrant aux élus socialistes déboussolés une solution honorable qui ne fasse pas du PS le défenseur obligé du président compromis. Chacun sait qu'aucune révision ne pourra être adoptée avant l'élection présidentielle à venir, mais il ne sera pas dit, ainsi, que les socialistes sont les alliés du chef de l'État contre les juges.

Le dispositif est parachevé par les travaux de réflexion, plus discrets, que mène à Matignon le directeur du cabinet de Jospin, Olivier Schrameck. Ancien secrétaire général du Conseil constitutionnel, celui-ci coordonne une réflexion qui associe des magistrats fidèles au PS à quelques constitutionnalistes et dont l'objectif est de contrecarrer l'argument principal de Montebourg : le risque de prescription. De fait, le gel forcé des enquêtes qui impliquent Jacques Chirac jusqu'à son départ de l'Élysée laisse planer une incertitude sur leur devenir car, en l'absence de poursuites effectives, les délits sont réputés prescrits après trois ans. « Si Chirac est réélu en 2002, prévient le député, il sera définitivement hors de portée des juges. Est-ce cela que nous voulons ? » De ces conciliabules entre spécialistes émergera la solution qui sera finalement retenue, quelques mois plus tard, par la Cour de cassation : une jurisprudence nouvelle qui imposera la suspension de la prescription tant que dureront le mandat présidentiel et l'immunité qui y est attachée.

La saisine de la plus haute juridiction de l'ordre judiciaire apportera, de fait, l'élément dissuasif qui manquait aux dirigeants socialistes pour arrêter l'« opération Montebourg ». L'occasion en est fournie par une affaire moins en vue que les précédentes : une enquête sur des détournements commis au sein d'une société d'économie mixte parisienne, la Sempap, concessionnaire des travaux d'imprimerie de l'Hôtel de Ville. Dans ce dossier, un militant écologiste a obtenu du tribunal administratif l'autorisation de se constituer partie civile au nom de la commune. Son avocat, Pierre-François Divier, a demandé l'audition de Jacques Chirac en qualité de témoin. Le juge d'instruction, puis la cour d'appel, l'ont éconduit. Or il a la réputation d'un procédurier tenace : nul doute qu'il va saisir la Cour de cassation.

Devinant le danger, Arnaud Montebourg prend contact avec lui. À la fin du mois de juin, les deux hommes se rencontrent au buffet de la gare d'Austerlitz. Le député tente de dissuader l'avocat de former un pourvoi. « Si vous faites ça, tout sera immobilisé jusqu'à la rentrée, argumente-t-il. Et à l'arrivée, la Cour risque de renforcer encore l'immunité du Président ! » Montebourg a compris que la saisine de la plus haute juridiction risque surtout de pousser les députés à l'attentisme ; avant de signer sa proposition de résolution, tous voudront vérifier que la voie parlementaire est la bonne pour faire juger le chef de l'État. Et même si les magistrats le confirment, une fois l'été passé, la campagne présidentielle sera toute proche et la récolte des signatures peut encore prendre du temps. Une fois la course à l'Élysée lancée, il est certain que la chance sera passée. Mais aucun de ses arguments ne porte. Divier ne veut pas lâcher son affaire. En 1991, il avait bataillé pendant des mois, au côté de l'ex-inspecteur Gaudino, pour provoquer l'ouverture d'une information judiciaire sur l'affaire Urba et le financement de la campagne présidentielle de François Mitterrand. Depuis, il a toujours estimé que la presse avait sous-estimé son rôle, pendant que l'ancien policier et, plus tard, le juge Thierry Jean-Pierre, occupaient l'avant-scène. Maintenant qu'il a un second président en ligne de mire, il n'est pas prêt à s'effacer. Il veut être celui qui obligera la justice à trancher la controverse et – qui sait ? – à convoquer le chef de l'État.

Sitôt le pourvoi de Divier déposé, le premier président de la Cour de cassation, Guy Canivet, prend l'affaire en main. Il demande au président de la chambre criminelle, Bruno Cotte, de bien vouloir lui céder le dossier et fait diffuser un communiqué annonçant que la question de l'immunité présidentielle fera l'objet d'un débat en assemblée plénière de la Cour, dont la date est fixée au 5 octobre. Il devance ainsi toute tentative des autorités politiques – à l'Élysée comme à Matignon – destinée à reporter l'examen de la question après l'élection présidentielle. Depuis qu'il a entendu le Président, le 14 juillet, déplorer « une certaine confusion dans la justice » et critiquer la légitimité des juges, ce magistrat placide à l'ascension remarquable et à l'autorité tranquille est convaincu qu'il y a urgence ; faute de quoi le crédit de l'institution judiciaire risque de se trouver aussi abîmé que celui de l'exécutif. Aussi prend-il soin de prévenir personnellement plusieurs journalistes, par téléphone, que l'arrêt attendu sera rendu dans les jours qui suivront l'audience.

Au soir de cette annonce, Montebourg sait qu'il a perdu la partie. Sa résolution, de fait, ne sera jamais présentée à l'Assemblée. Le compteur des signataires est resté bloqué à trente-quatre[1]. Ce que ni l'Élysée ni Matignon n'avaient réussi à faire, Guy Canivet y est parvenu. Mais si la perspective d'un « arrêt de principe », propre à faire taire les polémiques, a contrecarré les plans du député, elle aboutit aussi à remettre le dossier du président de la République entre les mains des juges. Le temps d'un été, le chef de l'État reste un justiciable.

---

1. Le député en a publié la liste exhaustive dans son livre *La Machine à trahir, op. cit.*

VIII

Secrets de famille

Les gens ont le droit de savoir si leur président est un escroc. Eh bien, je ne suis pas un escroc. J'ai gagné tout ce que j'ai !
Richard Nixon

Au pays du présidentialisme irresponsable, le 14 juillet n'est pas pour rien jour de fête nationale : c'est le jour du Président. Censé commémorer l'avènement de la république qu'annonçait la prise de la Bastille, cet anniversaire estival marque surtout, la célébration du monarque. Chef des armées, il passe les troupes en revue dans le décor grandiose des Champs-Élysées. Souverain bienveillant, il offre ensuite une garden-party dont les milliers d'invités se pressent sur les pelouses du palais présidentiel en espérant l'apercevoir ou être vus de lui, dans un ballet de maîtres d'hôtel et de gardes mobiles. Élu des citoyens, enfin, il s'adresse longuement à eux dans une interview télévisée désormais intégrée au cérémonial, mais dont beaucoup ignorent qu'elle n'est rituelle que depuis François Mitterrand.

Pour Jacques Chirac, le 14 Juillet fut souvent une épreuve. Moins à l'aise que ses prédécesseurs face à une caméra, le cinquième président de la Vᵉ République eut en outre à affronter chaque année d'embarrassantes questions sur les enquêtes judiciaires qui tourmentaient ses amis, parasitaient ses décisions, encombraient son horizon. Dans l'histoire de sa présidence, le crû 2001 restera pourtant une date à part – comme une célébration de l'irresponsabilité présidentielle, un feu d'artifice de faux-fuyants, une longue diversion. Par la virulence du ton qu'il employa pour déplorer la déréliction d'un État dont il était censé être l'incarnation et le garant ; par la profusion des attaques qu'il porta contre un gouvernement qui, pour n'être pas le sien, avait été nommé par lui ; par la hardiesse des arguments qu'il déploya pour plaider sa propre cause, le « traditionnel entretien télévisé du chef de l'État » – ainsi qu'on l'appelle dans les journaux – rompait, cette année-là, avec la coutume.

Assumant cette violence inédite, exprimée en un jour consacré à l'unité nationale, Jacques Chirac en avait livré la cause, face à la caméra, portant sur le visage un masque de dignité outragée :

« Je n'ai rien à cacher et je suis tout à fait prêt, sous réserve qu'on ne me demande pas d'étaler sur la place publique ma vie privée – parce que j'ai droit aussi à une vie privée –, je suis prêt à dire aux Français tout ce qu'ils veulent savoir. Tout. Mais je voudrais ajouter que lorsqu'on s'en prend à ma fille ou à ma femme, alors là, je trouve que les limites sont franchies.

– C'est de la provocation, pour vous ? lui avait-on demandé.

– Ou de l'inconscience, avait-il répondu.

– Il y a de l'acharnement contre les Chirac ?

– De l'inconscience. Ce que je peux vous dire, c'est que je trouve ça scandaleux. »

En quelques phrases, les données du problème étaient posées, dans un enchaînement qui en soulignait les contradictions : les clarifications nécessaires dues aux citoyens, l'intersection sensible des fonctions publiques et de la sphère privée, l'interdiction formelle d'attaquer la famille du Prince. S'étalaient alors dans la presse les rebondissements d'un nouveau feuilleton judiciaire, qui aurait pu s'intituler : « Les voyages du Président ». Jacques Chirac n'y était plus seul en cause et les turpitudes qui lui étaient reprochées étaient cette fois sans rapport avec le RPR et même, pour l'essentiel, étrangères à la politique. Entre 1992 et 1995, le chef de l'État – qui était alors maire de Paris – et son entourage avaient effectué de nombreux déplacements et séjours vers des destinations plus ou moins exotiques, dont les factures, libellées sous de fausses identités, avaient toutes été acquittées en argent liquide. Le montant total de ces voyages était estimé par la justice à 370 000 euros.

Billets d'avion contre billets de banque. Un petit commerce ordinaire, loin des millions évoqués par Jean-Claude Méry dans sa terrible cassette mais qui donnait à présent un début de consistance matérielle aux accusations du revenant. Ce n'était pas l'affaire du siècle, assurément, mais sans doute pire : un trafic médiocre dissimulé par de piètres subterfuges – comme une clé cachée dans un pot de fleurs. Le spectacle d'une corruption routinière, qui avilit ses auteurs et rappelle les mots d'un personnage du *Maître de Santiago*, la pièce de Montherlant : « Jadis, on aimait l'or parce qu'il donnait le pouvoir et qu'avec le pouvoir, on faisait de grandes choses. Maintenant, on aime le pouvoir parce qu'il donne l'or et qu'avec cet or, on en fait de petites[1]. » Soudain, les billets d'avion du chef de l'État ramenaient l'aventure politique à ses petitesses – pour ne pas dire à ses bassesses.

Des vacances maudites, la famille Chirac en avait déjà connu. En 1974, alors que le futur président de la République siégeait à Matignon pour la première fois, une polémique avait éclaté à propos d'un congé passé au Sénégal. En 1992, une fastueuse escapade de fin d'année dans le sultanat d'Oman lui avait attiré

---

1. Henri de Montherlant, *Le Maître de Santiago*, acte II, scène I, Gallimard, 1947.

des critiques publiques. Puis, à l'été 2000, un reportage de *Paris Match* avait dévoilé le luxe raffiné de sa villégiature sur l'île Maurice. « Mon mari vient de perdre l'élection présidentielle ! » avait alors lancé, rageuse, Bernadette Chirac, en brandissant le magazine devant les clients médusés de l'hôtel Royal Palm. C'était un 4 août, date anniversaire de l'abolition des privilèges par les révolutionnaires – mais rien ne dit que la symbolique lui ait sauté aux yeux.

Le titre de l'hebdomadaire augurait, certes, une révérence désuète – *Bonnes vacances, monsieur le Président !* – mais le reportage était empli d'une ironie mordante, décrivant en images la majesté de l'établissement et l'emploi du temps de cet illustre habitué des lieux, jusqu'aux confidences de la masseuse qui « l'a vu tout nu » et aux dimensions de sa suite princière. Sur la plage, les marchands ambulants racontaient : « Le Président est riche. Il a plein de gros billets de banque dans sa poche et sa femme ne marchande jamais. » Le prix du séjour aussi était mentionné : 3 350 euros par jour – soit plus de 70 000 euros pour les trois semaines réservées. C'est peu dire qu'il soulignait le décalage que révélaient ces vacances mirifiques avec un projet politique fondé sur la réduction de la « fracture sociale », ajoutant à l'exotisme des lieux une forme de distance aristocratique à l'égard des contingences françaises. En 1972, après que *l'Humanité* eut dévoilé les conditions avantageuses de l'achat du domaine corrézien de Bity, Georges Pompidou avait sermonné son imprudent ministre : « Quand on prétend faire de la politique, on s'arrange pour ne pas avoir de château ; sauf s'il est dans la famille au moins depuis Louis XV ! » Le futur président avait enduré les sarcasmes – *Le Canard enchaîné* l'avait baptisé « Château-Chirac » – et digéré la leçon, optant pour une discrétion plus conforme à son personnage d'élu de terrain, simple et proche des gens. Trente ans après, l'épisode mauricien réveillait ce douloureux souvenir – c'était « Chirac Palace » après « Château-Chirac ».

Le coût astronomique du séjour suscitait, en outre, une curiosité légitime : par qui et comment la note était-elle réglée ? « Ce sont des vacances privées, le Président les a payées, un point c'est tout[1] », répondait l'Élysée, sans fournir aucune précision sur le mode de règlement. À quoi les services comptables du palace faisaient chorus, se bornant à assurer que la facture était honorée. Dans les heures qui suivirent, instruction fut donnée au personnel de l'hôtel de répondre par le silence aux interrogations des journalistes qui affluaient. Une équipe de Canal Plus dut, sous la contrainte, remettre ses cassettes au directeur du Royal Palm pendant qu'à Paris, la direction de *Paris Match* publiait un communiqué d'excuses au chef de l'État, au motif que l'article sacrilège contenait quelques informations « inexactes » – au demeurant secondaires. La rédaction de l'hebdoma-

1. *Le Monde*, 3-4 septembre 2000.

daire protesta, mais on en resta là. L'ordre présidentiel avait repris ses droits.

Parmi ceux-ci figure le droit au secret, que l'Élysée utilise, quand le besoin s'en fait sentir, sous d'apparents efforts de transparence dans le but de détourner les regards. Aussitôt surgies les révélations balnéaires de *Paris Match*, le service de presse de la présidence livra ainsi d'utiles précisions – jusqu'alors toujours tues – sur les revenus personnels de Jacques Chirac, dans le souci affiché de convaincre que celui-ci disposait des moyens suffisants pour financer ses vacances fastueuses. On apprit ainsi que le chef de l'État cumulait son traitement présidentiel (79 000 euros annuels) avec des pensions de retraite multiples, en ses qualités d'ancien député, d'ancien conseiller de Paris, d'ancien conseiller général de la Corrèze et même d'ancien magistrat à la Cour des comptes – quoiqu'il n'y ait siégé qu'une année, avant de se lancer en politique –, dont l'addition avoisinait 230 000 euros. Divulgations douloureuses dans un pays ou les questions d'argent restent entourées de pudeurs persistantes, mais qui répondaient à la nécessité de lâcher du lest. Les journalistes accrédités à l'Élysée s'en firent docilement l'écho dans leurs organes de presse respectifs[1], sans que pour

1. La journaliste du *Monde* chargée du suivi de la présidence écrivait ainsi : « Les revenus du président se situent donc à un niveau inférieur à ceux qu'affichent bien des patrons français, des stars de la

autant l'énigme fût résolue : on ne sut jamais si le séjour du Président avait été payé par chèque ou en espèces, sur ses deniers personnels ou sur les fonds de l'État.

Pour peu conforme qu'elle soit aux exigences démocratiques de l'époque, cette dissimulation est légale ; du moins se fonde-t-elle sur l'une des nombreuses ellipses que recèle le statut du monarque républicain. En Suède, voici une décennie, une femme politique d'avenir, Mona Sahlin, chef de file du parti social-démocrate, vit sa carrière brisée net parce qu'elle avait utilisé sa carte de crédit ministérielle pour effectuer quelques achats personnels. En France, ce mélange des genres est officiellement admis lorsqu'il s'agit du chef de l'État. De fait, le document budgétaire publié chaque année pour présenter le budget de l'Élysée tient sur trois pages et ne distingue pas, à la rubrique « dotation du président de la République », la part affectée à ses activités publiques et celle consacrée à son train de vie privé. De sorte qu'à la manière des souverains d'antan, le chef de l'exécutif peut s'autoriser, sans violer aucun texte, à confondre le trésor élyséen et sa cassette personnelle.

La pratique est si bien ancrée qu'elle peut provoquer des réactions loufoques. Au mois de juin 2000,

télévision, du show-business ou du football, mais son niveau de vie lui assure indéniablement les moyens de s'offrir des vacances de rêve. » *Cf. Le Monde*, 3-4 septembre 2000.

peu avant de partir pour l'île Maurice, Bernadette Chirac avait ainsi entendu, stupéfaite, Gerhard Schröder raconter, à la table d'un dîner officiel, qu'il avait dû payer à l'armée de l'air allemande le transport de sa famille qui l'accompagnait en vacances à bord d'un avion militaire. « Il faut absolument que vous changiez cela », avait-elle préconisé. Quand le chancelier avait ajouté qu'il versait tous les mois une contribution aux frais de déplacement de sa voiture blindée, Jacques Chirac avait à son tour exprimé son inquiétude : « Nous aurons la même situation d'ici deux ou trois ans[1]. »

Le chemin est encore long : en France, l'utilisation des fonds présidentiels échappe à toute vérification. Le Conseil constitutionnel l'a confirmé, en 2002, excluant tout contrôle des dépenses élyséennes – même *a posteriori* – par le Parlement ou la Cour des comptes, en vertu de la « séparation des pouvoirs ». C'est ainsi qu'au nom des principes de base de la démocratie survivent des pratiques d'un autre temps. Seul parmi toutes les catégories d'élus du pays, le président de la République est habilité à définir lui-même le montant de son traitement. En 1848, la IIᵉ République avait fixé par décret l'indemnité du citoyen-président. Le coup d'État de Louis Napoléon balaya cette prétention.

1. La scène fut rapportée par le correspondant du *Monde* à Berlin, le 29 juin 2000.

Faute de nouveau texte, ce pouvoir est resté entre les mains de ses successeurs – au mépris des principes administratifs, qui séparent nettement l'ordonnateur et l'utilisateur de la dépense publique.

Bien sûr, cette compétence par défaut est traditionnellement exercée avec parcimonie, le chef de l'État se contentant d'une revalorisation régulière qui épouse l'augmentation du coût de la vie. Mais cette modestie lui coûte d'autant moins que l'essentiel de son train de vie est financé sur les fonds publics, dans une opacité entretenue qui autorise les confusions et entretient le soupçon.

En 1992, un député socialiste s'était ému de constater, à la lecture du budget des Affaires étrangères, que la visite en France de Mikhaïl Gorbatchev avait occasionné de coûteux travaux dans la propriété de François Mitterrand, à Latché. Il lui fut répondu que le numéro un soviétique ayant séjourné une nuit dans la résidence landaise du Président, d'importantes installations de sécurité avaient dû être promptement rajoutées au dispositif existant – mais aucun justificatif n'avait été fourni au rapporteur. Le même Mitterrand avait aussi fait rehausser, sur le budget de l'État, les murs du domaine présidentiel de Souzy-la-Briche, dans l'Essonne, parce que sa fille Mazarine y montait à cheval et que nul ne devait pouvoir l'apercevoir. La confidentialité particulière qui entourait alors l'existence de l'enfant ne lui laissait guère d'autre choix, mais à assimiler ainsi le secret de famille au secret d'État, n'était-ce pas la déontologie républicaine, plus encore que l'orthodoxie comptable, qui se trouvait malmenée ?

À l'abri de toutes les curiosités citoyennes, le trésor élyséen n'a cessé d'augmenter au fil des ans, traduisant en volumes financiers l'accroissement manifeste des pouvoirs présidentiels[1]. Estimées à 2 millions d'euros en 1969, au moment de la démission du général de Gaulle, les ressources de la présidence avaient plus que doublé en 1995, au départ de François Mitterrand, pour atteindre 4,7 millions d'euros. À peine élu, Jacques Chirac ajouta au budget déjà voté de près de 2 millions supplémentaires pour l'année en cours. Sept ans plus tard, l'enveloppe dépassait 20 millions d'euros – soit une augmentation de 577 %[2]. Certes, l'augmentation était en partie justifiée par la prise en compte progressive de dépenses jusqu'alors assumées par les ministères en lieu et place de l'Élysée. Mais cette régularisation ne suffit pas à expliquer une telle explosion – d'autant que certains ministères continuaient,

1. *Cf.* Jean Massot, *L'Arbitre et le Capitaine*, Flammarion, 1987.
2. Ces chiffres sont le fruit du travail patient et obstiné du député (PS) René Dosière qui, depuis 2001, s'acharne à reconstituer l'ensemble des crédits et dépenses de la présidence de la République et à réclamer la transparence sur ces fonds. Au total, selon lui, le budget présidentiel a crû de 745 % entre 1995 et 2005. Avant les démarches de cet élu, aucun document budgétaire relatif à l'Élysée n'était publié. Depuis qu'un tel document existe, l'augmentation du budget présidentiel s'est sensiblement ralentie : + 25 % entre 2002 et 2006. *Cf.* le compte rendu des débats à l'Assemblée nationale, *Journal officiel*, deuxième séance du 21 mars 2006.

dans le même temps, de subvenir aux besoins de la présidence, humains comme matériels.

En 1994 pourtant, désireux de trancher tout autant avec les dérives monarchiques reprochées à son prédécesseur qu'avec le style orléaniste d'Édouard Balladur, son rival, Jacques Chirac promettait, d'être « le premier président modeste[1] ». Plus vite oubliée que la dimension sociale de son programme, cette ambition paradoxale y figurait aussi en bonne place, comme un gage de rupture et de modernité. Un an plus tard, à l'issue du premier Conseil des ministres suivant son intronisation, le 20 mai 1995, la consigne présidentielle, qui s'inscrivait dans la même perspective, était ainsi rapportée par le porte-parole du gouvernement, François Baroin : « Le président de la République a rappelé que l'exemple, bon ou mauvais, vient d'en haut. L'État doit afficher une modestie et réduire son train de vie. Le protocole officiel sera révisé dans le sens d'une plus grande simplicité. Le Groupe de liaisons aériennes ministérielles (GLAM) sera supprimé, les moyens matériels des ministres, du Premier ministre et du président seront diminués. Les responsables politiques, qui doivent être des citoyens exemplaires, devront se conformer aux règles de droit commun, y compris en matière de circulation. Désormais, la voiture du président de la

1. *Cf.* Franz-Olivier Giesbert, *La Tragédie du Président, scènes de la vie politique, 1986-2006, op. cit.*, p. 131.

République comme celles des ministres s'arrêteront aux feux rouges. »

C'est peu dire que cette proclamation ne fut guère suivie d'effet. Les cabinets ministériels restèrent pléthoriques et les cortèges officiels ne firent taire leurs sirènes que durant quelques semaines. On préserva tout juste les apparences : le chauffeur du chef de l'État, Jean-Claude Laumond, a raconté depuis comment il signalait d'avance toute sortie de la limousine officielle pour que les policiers fassent automatiquement passer au vert tous les feux situés sur son passage [1]... Et si le GLAM, jugé emblématique des privilèges du pouvoir, fut effectivement dissous, il fut instantanément remplacé par une autre structure, l'ETEC [2], dotée de huit appareils (deux Airbus et six Falcon).

Dans la bienséance factice des premiers mois, il avait toutefois été convenu que le Président voyagerait sur des avions de ligne. Le 14 juin 1995, c'est donc à bord d'un Concorde régulier d'Air France qu'il se rendit aux États-Unis. Mais sitôt le supersonique posé à New York, un jet venu spécialement de Paris l'emmenait à Washington, en toute discrétion...

Un artifice similaire fut utilisé pour camoufler les vacances paradisiaques du nouveau chef de l'État.

1. *Cf.* Nicolas Charbonneau et Laurent Guimier, *Le roi est mort ? Vive le roi !*, Éditions Michalon, 2006.
2. Escadron de transport, d'entraînement et de calibrage, dépendant du ministère de la Défense.

Pour rester cohérent avec l'humilité annoncée, Jacques Chirac s'enferma deux étés de suite au fort de Brégançon, villégiature varoise des présidents de la République depuis le général de Gaulle. Mais en 1997, il voulut retrouver les plages de l'île Maurice – sans doute pour s'évader de sa cohabitation avec Lionel Jospin. Pour atténuer le contraste, l'Élysée annonça un séjour à la Réunion – destination certes exotique, mais française. Après deux jours de promenades sur la plage avec sa fille Claude et son petit-fils sous l'œil des photographes, le chef de l'État partait tranquillement finir ses vacances au Royal Palm – là où *Paris Match* le débusqua, ce fameux été 2000, au grand dam de son épouse.

« Je suis vulnérable, très sensible au scandale », confiait Bernadette Chirac à Patrick de Carolis. Déplorant « cet hallali permanent de la vie politique » qui, disait-elle, « décourage chez les nouvelles générations l'envie de s'engager », l'épouse du Président formulait ce souhait : « Il faut que les élus se sentent moins exposés à la vindicte. On a trop tendance à les tenir responsables de tout et de n'importe quoi. » Puis, répondant à une question posée sur les « affaires », elle confiait avoir été prévenue par son mari quelques mois auparavant : « Il va falloir vous blinder, lui avait-il soufflé ; parce que dans les mois qui viennent, nous allons être une cible[1]. »

---

1. Bernadette Chirac, *Conversation*, *op. cit.*.

Maurice Foulatière était un vieux monsieur très comme il faut. Petit, affable, légèrement enrobé, il s'était fait une spécialité d'organiser les déplacements – transport, séjour et extras – des grands de ce monde. Industriels de renom, stars du show-business, vedettes de la politique se bousculaient dans la petite agence de Neuilly où il portait le joli titre de « conseiller touristique ». Dans le milieu des voyagistes, sa notoriété était enviée et sa clientèle encore davantage. Le secret de sa réussite n'en était pas tout à fait un : avec lui, le mode de paiement n'était pas un problème et la confidentialité restait garantie. Au printemps 2000, il approchait des quatre-vingts ans lorsque cette serviabilité finit par lui attirer des ennuis.

L'après-midi du 28 mars, il se rendit à une convocation de la brigade financière. Saisie d'une plainte déposée par un syndicat de pilotes, la police était sur la piste de billets de faveur qui auraient pu contribuer à la faillite de la compagnie UTA. Les enquêteurs interrogèrent l'aimable voyagiste sur les réservations qu'il avait effectuées, en 1993, pour Jacques Chirac, sa fille Claude et un garde du corps : un aller-retour Paris-New York en Concorde assorti d'un séjour de trois jours, dont le prix – 18 300 euros[1] – avait été réglé en espèces. Retrouvée dans les tiroirs de l'agence, la facture

---

1. Conversion approximative, en monnaie actuelle, des 119 339 francs effectivement facturés.

portait les noms de « Bernolin » et « Pierac ». Nulle-ment troublé, Maurice Foulatière expliqua que ces pseudonymes avaient été utilisés « pour des raisons de confidentialité compte tenu de la qualité des pas-sagers » et que le paiement lui avait été « apporté à l'agence par l'un des chauffeurs de M. Chirac ». Il concluait : « C'est la seule fois où M. Chirac nous a réglé un voyage de la sorte, en espèces[1]. » Les enquêteurs envoyèrent le procès-verbal au juge d'instruction Jean-Pierre Zanoto, qui les avait man-datés, et on n'en parla plus.

Mais les magistrats lisent les journaux. Au cours des mois suivants, la rubrique politique sembla plus que jamais se confondre avec la chronique judi-ciaire. Après la cassette Méry, l'automne fut marqué par les révélations de l'enquête sur le marché de rénovation des lycées de la région Île-de-France. Les découvertes mettaient en évidence l'existence d'une vaste entente illicite entre les entreprises et les partis dont le fruit avait alimenté, de 1989 à 1995, les caisses des principales forma-tions politiques – au premier rang desquelles le RPR et le PS. Présenté par plusieurs protagonistes comme le superviseur de cette organisation, Michel Roussin avait été mis en examen et écroué, le 1er décembre 2000, dans une cellule de la prison de la Santé. Comme à chaque fois que l'ancien

1. Procès-verbal d'audition de Maurice Foulatière, 12 avril 2000. Archives de l'auteur.

confident du Président était aux prises avec des juges, la peur avait gagné les sommets de la chiraquie. Mais Roussin était resté muet et la cour d'appel avait ordonné sa libération au bout de cinq jours. L'instruction, elle, butait sur un obstacle : l'évaporation des fonds de la corruption. Si les entreprises versaient bien les pourcentages convenus – l'enquête sur les lycées franciliens évoquait le taux de 2 % –, par où passaient ces sommes introuvables ? Seule l'hypothèse de mouvements massifs d'argent liquide pouvait apporter une solution à ce mystère. Encore fallait-il en retrouver la trace.

Le juge Zanoto souffla l'idée à ses voisins de bureau, Armand Riberolles et Marc Brisset-Foucault, chargés de l'enquête sur les lycées d'Île-de-France : le voyage new-yorkais du Président laissait entrevoir des réserves de fonds occultes ; c'était peut-être le début d'une piste. Il leur transmit officiellement les éléments qu'il détenait. La brigade financière se mit discrètement au travail au mois de février suivant. Le 15 juin, elle finit par perquisitionner au siège de l'agence. « M. Foulatière était très secret, expliquait aux policiers le comptable, et il était très difficile de connaître l'identité de ses clients et parfois la nature des prestations. Lorsque j'ai été au départ confronté à ces dépôts d'espèces, j'ai demandé à l'intéressé une explication de tels volumes. Il m'a alors précisé qu'il s'agissait de prestations en relation avec M. Chirac. Il m'a dit qu'il mettait un "prête-nom" sur nos documents internes pour des raisons de confidentialité – ce que je trouvais totalement inopérant à l'intérieur de l'agence car, par la suite, les billets étaient forcément au nom des passagers[1]. »

Le prétexte sautait en effet aux yeux : d'évidence, c'était l'origine des fonds et non l'anonymat du voyageur qu'il fallait préserver. Entre décembre 1992 et juillet 1995, le total des règlements en espèces enregistrés par l'agence fut estimé à 800 000 euros, dont au moins 430 000 euros devaient être attribués au Président, à son épouse et à leurs proches[2]. « Les porteurs de la mairie s'adressaient à moi lorsqu'ils arrivaient à l'agence, précisait Maurice Foulatière. Ces fonds étaient à l'intérieur d'une enveloppe kraft qui ne portait aucune mention particulière. » Avant chaque livraison, le voyagiste était prévenu par l'une des secrétaires du maire de Paris. « Je ne me suis pas interrogé spécialement sur l'origine de ces espèces[3] », ajoutait-il.

Dans les registres, les policiers retrouvèrent la trace de dizaines de déplacements effectués par des secrétaires, des conseillers, des amis de Jacques Chirac, ainsi que par son épouse et par sa fille, vers des destinations multiples – du Japon et de l'île

1. Procès-verbal d'audition du 15 juin 2001. Archives de l'auteur.
2. Rapport d'expertise remis aux juges le 10 juillet 2001 (les sommes en francs ont été converties en euros). Archives de l'auteur.
3. Procès-verbaux d'audition de Maurice Foulatière, 21 juin 2001. Archives de l'auteur.

Maurice, buts favoris du chef de l'État, à l'Espagne, la Bretagne, l'Afrique ou des stations de sports d'hiver. Au moins six déplacements pouvaient être attribués à coup sûr au futur chef de l'État : outre le voyage à New York avec sa fille, déjà évoqué, un séjour à Agadir avec son épouse, en décembre 1993, dont la commande avait été libellée sous le pseudonyme de « M. Benisse, Knightsbridge, Londres » ; un déplacement à Rome, en février 1994, avec son épouse et une délégation de la Ville de Paris, dont la facture fut adressée à l'Hôtel de Ville sous l'intitulé « Chiariva » ; un autre au Japon avec sa femme, en juillet-août 1994 ; une visite de Saint-Pétersbourg avec son épouse et une délégation parisienne, en mars 1995 ; enfin, un voyage effectué dans le sultanat d'Oman, à la fin de 1992 – celui-là même qui avait attiré l'attention, après un article du *Canard enchaîné*, obligeant le service de presse du RPR à invoquer un « voyage de loisir et de travail » offert « par une tierce personne dont le maire de Paris ne souhaite pas dire le nom » mais en qui tout le monde avait reconnu le milliardaire et ancien Premier ministre libanais Rafic Hariri. La polémique enflant, Alain Juppé, alors secrétaire général du parti, avait affirmé qu'en définitive, les billets avaient été « payés par le RPR[1] ». Neuf ans après, des vérifications policières permirent d'établir que ce montant aussi, supérieur à 17 000 euros, avait été

---

1. *Le Monde*, 16 février 1993.

soldé en espèces, sur la base de factures libellées sous des patronymes fictifs à consonance arabe : « Ali Sadir » et « Ali Ahmed Alaradi ». Petits mensonges qui en annonçaient d'autres, infiniment plus gros.

Le 21 juin, les confidences de Maurice Foulatière aux policiers accroissaient la tension. Sans paraître en mesurer l'importance, le voyagiste raconte alors avoir reçu de nombreux appels directs de Jacques Chirac, qui souhaitait se renseigner sur ses destinations futures. « Il lui est arrivé de m'appeler aussi pour savoir si tout s'était bien passé au niveau du règlement, ajoute-t-il, et il me disait notamment : "Je n'aime pas devoir de l'argent[1]." » Un détail est plus compromettant encore : sur l'un des documents que Maurice Foulatière a envoyés par télécopie à la brigade financière, les enquêteurs ont remarqué la mention manuscrite du nom de Jean-Claude Antonetti, le conseiller à l'Élysée pour la justice, et un numéro de téléphone portable. Benoîtement, Foulatière explique qu'en avril 2000, après sa précédente convocation par la police, le chef de l'État l'avait appelé pour savoir comment l'audition s'était passée – preuve que l'enquête, qui portait alors sur le seul vol Paris-New York de 1993, avait déjà été signalée en très haut lieu. Il lui avait alors donné le nom et les coordonnées de son conseiller,

1. Procès-verbal d'audition de Maurice Foulatière, *op. cit.*

en lui recommandant « de [s]'adresser à cette personne si une information complémentaire était demandée par la police ou la justice[1] ».

L'épisode laisse une impression singulière. Il révèle que l'Élysée a pu suivre pas à pas les progrès de l'enquête – peut-être jusqu'à disposer, très tôt, de la liste des voyages et des personnes recensées par le voyagiste, de façon à orchestrer une défense harmonieuse. L'hypothèse ne sera toutefois pas vérifiée : contre toute évidence, le vieil homme certifiera n'avoir jamais appelé le conseiller du Président et les juges n'oseront jamais vérifier les appels reçus sur la ligne de ce dernier.

Hormis ce détail fâcheux, le scandale qui gronde a, pour le chef de l'État, un autre inconvénient : cette fois, les faits découverts lui interdisent d'invoquer l'alibi classique du financement politique pour justifier l'illégalité par l'intérêt supérieur du parti. Mis en cause à titre personnel, *a fortiori* pour des dépenses tenant à sa vie privée, il doit trouver autre chose. Le 22 juin, les juges interrogent le parquet sur la possibilité de convoquer le Président en qualité de « témoin assisté », estimant sa déposition « nécessaire à la manifestation de la vérité ». Le 24, dans un communiqué embarrassé, l'Élysée justifie l'utilisation de sommes en espèces par « des raisons évidentes de discrétion et de sécurité ». Le texte ajoute que « ces règlements provenaient de primes

---

1. Procès-verbal d'audition de Maurice Foulatière, *op. cit.*

perçues par Jacques Chirac en sa qualité de ministre et de Premier ministre et d'argent personnel ou familial ». Autrement dit : les factures du voyagiste auraient été honorées en puisant dans les « fonds spéciaux » du gouvernement.

Dans les heures qui suivent, porte-parole officiels et officieux de la présidence confirment l'interprétation. Mais comment y souscrire ? Jacques Chirac n'a plus appartenu à un gouvernement depuis 1988, terme de sa cohabitation avec François Mitterrand. L'invocation de son ancienne qualité de « ministre », elle, ne peut relever que du lapsus : c'est en 1974 que le futur chef de l'État abandonna son dernier portefeuille – l'Intérieur – avant d'entrer une première fois à Matignon, dans la foulée de l'élection de Valéry Giscard d'Estaing... Il ne saurait avoir conservé par-devers lui pendant un quart de siècle des liasses de billets extraites des coffres de l'État.

D'emblée, la défense présidentielle est donc taxée d'invraisemblance. Elle témoigne, en outre, d'un culot stupéfiant : l'argument revient en effet à avouer publiquement que le chef du gouvernement de l'époque (1986-1988), après sa défaite à l'élection présidentielle, a emporté avec lui le reste des fonds secrets de l'année en cours – ce qu'il est difficile d'appeler autrement qu'un *détournement* – et qu'il en a fait, par la suite, un usage purement privé – ce qui s'apparente sans conteste à un enrichissement personnel illicite.

Si la ficelle est énorme, elle a un avantage : conçus à l'origine pour financer les opérations clandestines des services secrets, les « fonds spéciaux » sont couverts par le secret-défense. Les gouvernements successifs en ont, peu à peu, affecté une part croissante à la rémunération des ministres et de leurs collaborateurs, sous forme de « primes de cabinet » versées en espèces. Mais toutes les informations relatives à l'origine, la répartition et l'utilisation des sommes restent classifiées. Même si l'argument ne convainc pas, il aura au moins le mérite d'offrir au Président une justification à ses silences[1].

Tant pis pour les apparences, qu'il n'est plus possible de sauvegarder. Les hommes de l'Élysée sont lancés dans une course contre la montre, dont le terme est fixé au 14 juillet. Durant son interview télévisée, Jacques Chirac n'aura d'autre choix que de s'expliquer. La justice elle-même paraît désorientée : au procureur de Paris, Jean-Pierre Dintilhac, qui estime que l'audition du Président serait « possible en droit », le procureur général, Jean-Louis Nadal répond par l'appréciation inverse. Entre-temps, l'Élysée organise *briefings* et *débriefings* à la chaîne pour les anciennes secrétaires de

---

1. À l'automne 2001, le gouvernement Jospin fera adopter par le Parlement une réforme des fonds spéciaux : désormais, les « primes de cabinet » ne seront plus versées en espèces mais intégrées aux rémunérations des ministres et de leurs collaborateurs – et assujetties à l'impôt.

l'Hôtel de Ville, que les juges convoquent une à une. Toutes vont ensuite jurer, quitte à accumuler les invraisemblances, avoir puisé, pour financer les voyages qui les concernent, dans des « économies » constituées de dons versés par leurs parents. L'assistante personnelle de Jacques Chirac assure, elle, n'avoir eu vent, à la mairie de Paris, que d'une modeste cagnotte servant « à payer un cadeau de mariage, des fleurs, c'est-à-dire de menues dépenses pour le compte de M. Chirac ». Jusqu'au sénateur Maurice Ulrich, l'un des plus anciens conseillers du Président – dont il dirigeait le cabinet à Matignon, de 1986 à 1988 –, obligé jusqu'à l'absurde de justifier un séjour en famille à l'île Maurice, en 1992, par le recours aux fonds spéciaux, prétendument entreposés au fil des ans puis transportés à l'Hôtel de Ville.

« Ignoriez-vous, lorsque vous avez réglé la facture [...], que la réglementation en vigueur interdisait le paiement en espèces de factures supérieures à 150 000 francs ? lui demande-t-on.

– Je n'avais pas une claire conscience de cela[1]. »
Puis encore :

« Où conserviez-vous les sommes qui vous auraient été remises à titre de dépôt par M. Chirac ?

– Dans le coffre qui était situé dans mon bureau.

1. Procès-verbal d'audition de Maurice Ulrich, 10 juillet 2001. Archives de l'auteur.

196

« – Conserviez-vous des sommes en espèces pour le compte d'autres personnes ?

– Non. Mon coffre n'était pas grand.

– Dans ce coffre, les sommes vous appartenant étaient-elles rangées séparément ou teniez-vous un compte ?

– Elles étaient rangées séparément. Je ne tenais pas de comptabilité [...].

– Comment expliquez-vous l'existence d'un décalage de plusieurs années entre l'encaissement de ces espèces et leur dépense ?

– S'agissant de mon cas particulier, je souhaitais faire ce voyage familial le plus tôt possible. Diverses raisons m'en ont empêché jusqu'en 1992. Quant au maire, je n'ai pas de réponse à cette question, sauf que les années passent plus vite qu'on ne croit.

– Votre coffre n'a-t-il pas été alimenté à l'époque où M. Chirac était maire ?

– Non. »

Reste le premier cercle : Claude et Bernadette. La première est conseillère à l'Élysée, chargée de la communication ; la seconde y dispose d'un cabinet particulier, qui comprend plusieurs collaborateurs, mais n'est dotée d'aucun statut et n'apparaît sur aucun organigramme officiel. Ni l'une ni l'autre ne bénéficient de la moindre immunité, mais les juges sentent bien que le moindre incident pourrait constituer un *casus belli*. Des messages en ce sens leur ont été transmis. Au téléphone, Francis Szpiner a négocié avec eux les conditions d'une audition de la fille du Président : pas de convocation écrite et un statut de « témoin assisté » qui autorisera sa présence, sans oublier une entrée directe par le parking du tribunal, afin d'éviter les photographes. L'éventualité d'une audition de Bernadette Chirac, elle, est restée dans le non-dit. Ni les magistrats ni l'avocat n'ont osé aborder la question. À l'Élysée, Szpiner a livré son diagnostic : « Ils ont la trouille. »

Moins tendu que celui de Maurice Ulrich, l'interrogatoire de Claude Chirac, le 11 juillet, confirme cette intuition aux hommes du Président. Le face à face dure moins d'une heure. La fille du chef de l'État confirme avoir fait appel à Foulatière et assure que le voyagiste de Neuilly avait lui-même suggéré le paiement en espèces. Aucune question ne lui est posée sur l'argent de son père – « S'il signait un chèque, je pense que la banque le refuserait car ils ne connaissent pas sa signature[1] », a-t-elle pourtant confié un jour. Quant aux paiements de ses propres voyages, elle déclare, sans ciller, les avoir effectués grâce à des « économies personnelles qui provenaient essentiellement de cadeaux d'amis lors de [son] mariage[2] ». Il faut imaginer ce défilé de contributeurs en habit, saluant

1. Cité par Bertrand Meyer-Stabley, in *Les Dames de l'Élysée*, Perrin, 1995.
2. Procès-verbal d'audition de Claude Chirac, 11 juillet 2001. Archives de l'auteur.

les parents de la mariée avant de déposer leurs présents dans quelque grand récipient, comme dans la scène inaugurale du *Parrain* : « Le matin de ce grand jour, la cohorte des amis de Don Corleone quitta New York pour faire honneur à son invitation. Ils apportaient comme cadeaux de mariage des enveloppes crème bourrées de billets de banque, jamais de chèques... Une carte glissée dans chaque enveloppe signalait l'identité du donateur et permettait en même temps d'évaluer le respect qu'il portait au Parrain : respect, certes, mérité[1]. » Ce rapprochement non plus ne sera pas fait.

Viendra le fameux 14 juillet et les salves du Président. Face aux caméras, répondant avec assurance aux journalistes qui le questionnent, Jacques Chirac assure que les sommes évoquées au départ se sont réduites au fil de l'enquête. « Ce n'est pas qu'elles se dégonflent, c'est qu'elles font "pschitt !" » lance-t-il, joignant le geste à la parole. Faute du vers d'un poète, c'est cette onomatopée, inattendue dans la bouche d'un président de la République, qui doit cette fois frapper les esprits. Qu'importe si la réalité des chiffres est exactement contraire : un rapport d'expertise remis aux juges le 10 juillet a révisé à la hausse les montants imputables au chef de l'État et à son entourage direct, portant les 230 000 euros initiaux à 430 000 euros... L'important, pour lui, est

1. Mario Puzzo, *Le Parrain*, Robert Laffont, 1970, p. 16.

199

acquis : la menace explicite lancée aux juges – inimaginable dans tout autre pays – a porté. Le 17 juillet, les juges se déclarent « incompétents » pour l'interroger. Et Bernadette Chirac ne sera jamais convoquée non plus, sans qu'aucun argument juridique puisse expliquer ce renoncement.

Le 10 octobre 2001, enfin, la Cour de cassation clôt le débat sur le statut pénal du chef de l'État. L'arrêt rendu ce jour-là par la haute juridiction scelle dans le marbre l'impossibilité de toute poursuite : « Étant élu directement par le peuple pour assurer, notamment, le fonctionnement régulier des pouvoirs publics ainsi que la continuité de l'État, le président de la République ne peut, pendant la durée de son mandat, être entendu comme témoin assisté, ni être mis en examen, cité ou renvoyé pour une infraction quelconque devant une juridiction pénale de droit commun ; il n'est pas davantage soumis à l'obligation de comparaître en tant que témoin [...] dès lors que cette obligation est assortie [...] d'une mesure de contrainte par la force et qu'elle est pénalement sanctionnée. »

Mais, à l'inverse du Conseil constitutionnel, les magistrats écartent la compétence de la Haute Cour de justice – qui ne peut être saisie selon eux que pour des actes de « haute trahison » – et décrètent que « tous les autres faits » reprochés au chef de l'État seront du ressort des tribunaux ordinaires à l'expiration de son mandat, « la prescription de l'action publique étant alors suspendue ». Au passage, ils affirment que la décision rendue en 1999 par le Conseil constitutionnel ne s'imposait pas aux juges d'instruction, dès lors que celle-ci ne portait que sur la compétence de la Cour pénale internationale ; c'est une façon, pour les plus hauts magistrats de l'ordre judiciaire, d'asseoir une suprématie sur les juges constitutionnels. Mais l'expression de cette rivalité entre les deux cours suprêmes ne passionne guère, puisque l'essentiel était ailleurs.

En écartant la menace des juges pour toute la durée de sa présidence, l'arrêt du 10 octobre 2001 éclaircit l'horizon immédiat de Jacques Chirac et lui dégage la voie de l'élection présidentielle. Au « privilège de juridiction » invoqué par le Conseil constitutionnel est substituée une immunité temporaire, mais totale. Les rendez-vous judiciaires du Président ne sont pas annulés, mais repoussés ; seul le scrutin de 2002 décidera pour combien de temps.

Signe qu'une étape importante vient d'être franchie, Guy Canivet s'autorisera pour une fois, deux jours plus tard, à trahir la réserve liée à sa fonction, pour livrer ce commentaire modeste : « La solution n'est pas excellente ; c'est la moins mauvaise possible pour concilier deux principes contradictoires : l'application de la loi pénale et la situation particulière du Président dans la Constitution[1]. »

---

1. Sur Europe 1, le 12 octobre 2001.

IX

Le 21 avril permanent

L'âme du souverain est un moule
qui donne sa forme à toutes les autres.
Montesquieu

Jusqu'au dernier instant, la peur a hanté l'Élysée. Obsédante, irrationnelle et démoralisante, elle semblait marcher sur les talons du Président. Les biographes de Jacques Chirac ont tous souligné son goût des batailles électorales, le plaisir sincère et charnel que ces joutes lui procurent, tel un vieux chevalier qu'excitent encore le fracas des armes et la poussière des chevaux. Étudiant la campagne de 2002, des psychanalystes auraient pu, quant à eux, déceler sous l'argumentaire sécuritaire du candidat l'expression des angoisses qui l'habitaient : quand il prônait la « tolérance zéro » pour toute violation de la loi et la « fin de l'impunité » des délinquants, n'était-ce pas à sa propre condamnation qu'il tentait d'échapper ?

Au reste, l'effroi était à la mesure de l'enjeu : le verdict redouté par Jacques Chirac n'était pas tant celui de la justice, à laquelle une défaite l'aurait livré en le privant de son immunité, que celui de la politique et de l'histoire. Élu sous les couleurs du gaullisme en 1995, il n'avait jamais vraiment gouverné le pays. Son septennat fut une longue frustration : durant deux ans, il laissa les commandes à Alain Juppé ; après la dissolution catastrophe de 1997, il passa les cinq années suivantes à attendre son heure comme on guette le train suivant. S'il échouait à se faire réélire, sa présidence resterait à jamais inutile, presque inexistante. À la veille du 21 avril, la frayeur du Président ressemblait à une peur du vide.

Et quoi qu'en ait dit, depuis, l'historiographie officielle, cette panique eut des témoins.

La scène se tient à l'Élysée, dix jours avant le premier tour de l'élection présidentielle. Bernadette Chirac reçoit Michel Roussin. L'ancien ministre, jadis homme de confiance du chef de l'État a été prié de passer par une entrée dérobée. Deux hommes assistent à l'entrevue : un collaborateur de l'épouse du Président et l'avocat de l'ancien ministre, Pierre Haïk, dont la « première dame » a réclamé la présence. « Tout est fini, ils vont nous jeter à la rue, se lamente-t-elle. Les juges vont venir, ils vont tout fouiller. Qu'est-ce que je dois faire ? » Puis, se tournant vers l'avocat : « Maître, dites-moi ce que je dois faire. Je n'ai plus confiance en personne ici. Est-ce que je dois jeter mes vieux chéquiers ? »

À rebours de toutes les légendes colportées au lendemain du 21 avril pour vanter la prémonition de Bernadette Chirac, qui aurait seule décelé la montée de Jean-Marie Le Pen et l'effondrement de Lionel Jospin[1], le récit de ce rendez-vous clandestin atteste l'effroi qui régna autour du Président jusqu'au moment de l'élection. Le 25 mars précédent, l'Élysée avait reçu un exemplaire du rapport de l'inspection générale de la Ville de Paris sur la questure municipale. Ses conclusions formaient un nouveau réquisitoire contre les années Chirac : elles évoquaient des « dysfonctionnements graves », un « laxisme étonnant dans la gestion des crédits » et des « détournements significatifs » à la faveur de l'utilisation de sommes d'argent liquide considérables[2].

Le document relevait, entre autres, que plus de 2,1 millions d'euros avaient été destinés à l'alimentation personnelle du maire et de son épouse, dont près de 1,5 million en espèces. Soulignant que « la

1. Jacques Chirac lui-même aurait confié à un groupe de journalistes, le 28 avril 2002, à propos de son épouse : « Depuis quinze jours, elle me disait : "Attention, vous risquez d'avoir Le Pen en face de vous." Elle me tympanisait avec ça. » *Cf.* Marie-Bénédicte Allaire et Philippe Goulliaud, *L'Incroyable Septennat. Jacques Chirac à l'Élysée, 1995-2002*, Fayard, 2002.
2. Enquête sur le fonctionnement de la questure, rapport provisoire, mars 2002, inspection générale de la Ville de Paris. Archives de l'auteur.

distinction entre ce qui relève des dépenses privées et les autres dépenses est impossible à établir », les inspecteurs dressaient la liste des règlements effectués – de l'abonnement à Canal Plus aux crèmes chocolatées et aux pots de confitures, en passant par les bières Corona – et indiquaient aussi que « les paiements réalisés en espèces ne faisaient l'objet d'aucun contrôle spécifique, à l'exception de ceux réalisés épisodiquement, au dire des cuisiniers, par l'épouse du maire avant 1995 », c'est-à-dire par Bernadette Chirac. Sans conteste, l'évocation de ces dépenses domestiques et la perspective d'un nouveau scandale avaient mis la femme du Président dans tous ses états.

Le 27 février, déjà, elle avait exprimé ses effrois devant le même Roussin. Inquiète du déroulement de la campagne, pestant contre le « manque d'esprit d'équipe » en vigueur à l'Élysée, elle se plaignait du « premier étage » – où se trouvait le bureau de Dominique de Villepin – et pronostiquait avec colère : « Nous avons plus de chances de perdre que de gagner ; c'est dire que tout peut arriver. » Sa principale crainte venait des juges : « Leurs méthodes, c'est la Gestapo ! » fulminait-elle avant d'invoquer les mânes de la famille Chodron de Courcel : « On a raccourci mes ancêtres place de la Concorde ! Nous sommes dans le même contexte. C'est une révolution qui ne dit pas son nom... »

Dramatisait-elle à outrance, cherchait-elle à l'émouvoir pour s'assurer de son silence ? Michel

Roussin ne le demanda pas. Il rappela simplement qu'en 1994, à Créteil, il avait repoussé la proposition du juge Halphen de lui « balancer Chirac » dans l'affaire des HLM de Paris. Et que, depuis cette date, tous les juges de France s'étaient lancés sur sa piste. La femme du Président lui répondit, gênée : « Vous connaissez mon mari. Il classe tout ce qui le gêne et puis il oublie. Mais il a beaucoup d'admiration pour vous. Peu de gens ont eu votre courage. »

« Le puissant n'évoque ses secrets qu'avec ceux qui les partagent », disait Mazarin. Entre Michel Roussin et les Chirac, il y a, assurément, bien plus que des confidences échangées : des souvenirs enfouis, des mystères insondables, petits et grands. Officier d'ordonnance et agent de liaison, chef puis directeur de cabinet, porteur de valises et de messages, intendant et confident, Roussin fut tout cela à la fois, témoin des détails quotidiens comme des événements décisifs. En 1986, c'est lui qui, à Matignon, coordonnait les travaux des services de renseignements, au moment où Paris était secoué par une vague d'attentats terroristes commandités par l'Iran ; lui aussi qui centralisait les recherches sur le sort des otages français détenus au Liban. La guerre était alors son quotidien. Les affaires délicates de la cohabitation passaient également entre ses mains : c'est lui qui apprit à Jacques Chirac que la cellule antiterroriste formée par François Mitterrand à l'Élysée disposait de lignes d'écoute téléphonique sur le contingent des services secrets, qui servaient à espionner des journalistes et des personnalités. Le Premier ministre donna l'ordre de tout arrêter, mais interdit que la chose soit ébruitée – il ne voulait pas, disait-il, affronter Mitterrand sur ce terrain. Deux ans plus tard, c'est encore Roussin qui partait pour le Liban afin de convoyer, pistolet à la ceinture, la malle remplie d'argent liquide qu'offrait à son ami français, pour sa campagne présidentielle, le Premier ministre libanais Rafic Hariri. Les plus proches du candidat se rappellent que les soixante millions de francs qu'elle contenait furent livrés à bon port.

Mais le pouvoir et les juges les ont éloignés. Entre le soldat et le Président, la relation a perdu de son intensité, teintée chez l'un de déception, chez l'autre d'inquiétude. Car le silence qui les unit est un poids pour le premier et une menace pour le second. Un jour de février 1999, au cours d'un voyage officiel au Portugal, Michel Roussin faisait partie d'une délégation de patrons qui accompagnait le chef de l'État. Celui-ci le prit à part et lui dit, tout sourire :

« Alors Michel, et votre affaire, ç'en est où ?

– Mon affaire ? Vous voulez dire notre affaire, monsieur le Président... »

La repartie avait laissé Chirac sans voix.

Au fil du temps et des mises en examen, même le respect s'est envolé. C'est que Roussin a payé cher le prix de son mutisme : convocations policières en cascade, interrogatoires, accusations publiques et même, en ce glacial mois de décembre 2000, six jours de prison. Une détention assez longue cependant pour garder la mémoire de tout : le vide de l'enfermement, l'inhumanité de l'univers carcéral, la rudesse de l'accueil par les gardiens – « Il faudra que je décrive un jour à Jacques Chirac ce que l'on appelle une fouille au corps poussée et les humiliations subies pour d'autres[1] », a-t-il écrit, pudiquement, dans son livre de souvenirs. Le jour de sa libération, son épouse trouva, sur le répondeur téléphonique, un message de Bernadette Chirac. Comme pour ne se compromettre qu'à moitié, elle n'a pas prononcé son nom : « Allô ? Ici Bernadette C. Je voulais vous dire que j'ai beaucoup pensé à vous depuis quelques jours. Je me réjouis tout particulièrement de la bonne nouvelle qui a été annoncée ce soir. Je voulais vous dire cela avec tout mon cœur. Au revoir. » Le Président, lui, n'avait même pas fait la démarche.

Quelques jours après, à la télévision, il avait même hésité plusieurs minutes avant de lâcher, en réponse aux questions insistantes de Patrick Poivre d'Arvor, quelques mots de compassion pour son ancien collaborateur[2] – de compassion, mais non de défense. Roussin était devant son écran.

1. Michel Roussin, *Le Gendarme de Chirac, op. cit.*
2. « Si vous voulez savoir ce que je pense de l'homme, j'en pense le plus grand bien. J'ai connu Michel Roussin quand il était jeune officier dans l'armée française, un jeune officier de gendarmerie quand je suis

Il n'a pas apprécié davantage que Dominique ae Villepin ait eu l'audace de lui demander de se sacrifier pour Alain Juppé et moins encore qu'après son refus, il se soit efforcé de l'y contraindre. À l'automne 2000, alors que sa mise en cause se précisait dans l'affaire des lycées de la région Île-de-France, le secrétaire général de l'Élysée lui avait téléphoné, le priant de prendre contact d'urgence avec Francis Szpiner. L'avocat lui donna rendez-vous à la tombée du soir, sur la place Saint-Sulpice, et lui recommanda de quitter le pays sur-le-champ : « Ils vont te jeter en prison. Pars quelque temps, ça fera baisser la pression. Il y a un avion pour Casablanca ce soir. Tu as des amis au Maroc, non ? » L'ancien officier ne pouvait s'imaginer en cavale. Il resta. Quelques jours passèrent et, le matin où les policiers sonnèrent à sa porte, il se trouvait à Roubaix, pour une réunion. Mais les radios annoncèrent aussitôt qu'il avait pris la fuite. Cet incident lui laissa l'impression déplaisante qu'un piège lui avait été tendu.

Au mois de mai 2001, l'impression se confirma : convoqué chez le juge Riberolles, Robert Galley fut reçu un dimanche après-midi à l'Élysée ; le surlendemain, il déclarait, sur procès-verbal, que « Michel Roussin n'avait aucune légitimité au sein du RPR » et avançait, à propos de son implication

arrivé pour la première fois à Matignon. Il a fait ensuite une fort belle carrière, d'abord auprès de moi, ensuite au gouvernement. Et j'ai été malheureux, malheureux de ce qui lui est arrivé, du drame qu'il a vécu. » Interview de Jacques Chirac sur TF1, le 14 décembre 2000.

dans le financement du parti, cette hypothèse veni-
meuse : « On peut parfaitement, dans les affaires, se
targuer d'avoir "l'oreille du président, du directeur
général, etc." pour procéder à son insu [1]. » Pareille
insinuation fit bondir Michel Roussin : « Qu'il soit
clair que je ne transigerai pas sur le chapitre de mon
intégrité, qui a toujours été l'axe de conduite de ma
vie », répliqua-t-il dans *Le Monde,* en glissant cette
réflexion en forme d'avertissement : « J'ai bien
conscience que le silence que je m'impose en
arrange plus d'un [2]. » Au cours du procès, en 2005,
Galley finit par reconnaître, confus, qu'il était allé
trop loin : « Je regrette de m'être laissé aller. » Puis,
en regardant ses chaussures : « Ce n'était qu'une
manière, pour moi, de dire que M. Chirac n'avait
rien à voir dans cette affaire. » Roussin savait qui le
lui avait demandé.

Plus d'une fois, l'ancien gendarme ressentit l'ingratitude de la défense solitaire qu'il avait choisie
d'emblée, dès l'heure des premiers soupçons. Rallié
à Balladur, il passait déjà, en 1994, pour l'homme
qui pourrait compromettre Chirac : cette position
délicate lui avait dicté une attitude d'égale indépendance à l'égard des deux hommes. Au procureur
général, Jean-François Burgelin, qui s'interrogeait
sur le profil de son avocat, rompu aux affaires
pénales mais réputé peu conciliant et soucieux de

---

1. Déposition de Robert Galley, 2 mai 2001. Archives de l'auteur.
2. *Le Monde,* 12 juillet 2001.

sa liberté, il avait répondu : « Puisqu'on me traite comme un voyou, j'ai pris un avocat de voyous. » Il ne se départit plus de cette distance par la suite – ni sous la menace ni contre la perspective d'une quelconque faveur.

La menace : un cambriolage commis dans son bureau, dans la nuit du 21 au 22 mars 2005, au dix-septième étage de la tour Bolloré, où il exerce les fonctions de vice-président du groupe éponyme. Le procès de l'affaire des lycées franciliens était alors en cours depuis trois semaines. Dans ses tiroirs, l'ancien ministre gardait son dossier et les notes qu'il avait prises pour préparer sa défense. La porte avait été forcée sans que le système d'alarme soit déclenché et les intrus s'étaient laissé filmer dans les couloirs par les caméras de surveillance, pourtant aisément repérables. L'enquête ne donna rien mais quelques mois plus tard, après la fin du procès, une seconde effraction fut commise – qui, elle, ne fut jamais connue.

Les faveurs : une nomination au Conseil économique et social, signée de la main du Président, puis une autre au Conseil d'État, en janvier 2004, qu'il reçut comme des marques d'attention compromettantes – et autant de tentatives d'aliéner sa liberté. Aussi adressa-t-il, le 17 mai, une lettre de démission à la haute juridiction. Sur l'insistance de l'Élysée, qui espérait un revirement, sa défection ne fut entérinée par le Conseil des ministres qu'au mois de septembre suivant. Dans l'intervalle, Jérôme

Monod l'avait convié à l'Élysée pour lui offrir une place en position éligible sur la liste de l'UMP dans le Nord pour les élections européennes. Lui aussi s'était heurté à un *niet* catégorique.

« Je voulais me présenter en qualité de simple citoyen devant vous », expliqua Michel Roussin à la barre du tribunal, l'année suivante. Nerveux, parfois maladroit, il s'y défendit comme on marche sur un fil : avec quelques tremblements mais toujours attentif à rester droit. Un après-midi, lassé de répondre aux sous-entendus par des périphrases, il se raidit et lança, d'une voix fière : « Il paraît qu'il faut sauver le soldat Roussin, mais ça fait onze ans qu'on essaie de le tuer, le soldat Roussin. Eh bien ! il tient encore : pas mort, Roussin ! » Alors, s'adressant au substitut du procureur :

« Ce que je peux dire, c'est que depuis onze ans, je suis poursuivi à chaque fois en qualité de directeur de cabinet du maire de Paris et à ce seul titre.

– Et vous avez une explication à cela ? lui demanda le magistrat, faussement naïf.

– Aucune. »

Au terme des audiences, le procureur rendit hommage à sa constance et brossa de lui le portrait d'un homme qui « sait se taire, obéir et commander, même s'il est des silences d'honneur que l'on doit porter comme un cilice ». Il conclut son réquisitoire en ces termes : « M. Roussin devra être jugé à sa juste place, celle qu'il n'a jamais désertée. Il convient de le juger comme une sorte de majordome de l'Hôtel de

Ville, la bouche cousue de fil blanc. » À tout prendre, cette définition lui convenait. Les secrets sont faits pour rester secrets ; mais il n'y a pas de grand homme pour son majordome.

« C'est aux Français de juger. »

Lionel Jospin avait dicté ainsi sa consigne quand, durant l'été meurtrier de 2001, certains des siens s'interrogeaient sur l'attitude à adopter face à un président assailli par les scandales et qui, pour se défendre, se montrait chaque jour plus vindicatif. Lui-même enrageait d'affronter un adversaire à ce point disqualifié. Pendant une réunion, les membres de son équipe de campagne l'entendirent, excédé, formuler ce diagnostic : « Dans un système parlementaire, il passerait devant la justice ; dans un système présidentiel, il serait soumis à une procédure d'*impeachment*[1] ! » Mais outre que l'exploitation des dossiers judiciaires lui répugnait sincèrement, le Premier ministre candidat considérait, surtout, que la querelle sur la responsabilité du chef de l'État ne pouvait être vidée que dans les urnes. Après avoir poussé à la réforme du quinquennat et, surtout, au renversement du calendrier électoral pour renvoyer les législatives après la présidentielle, il entérinait ainsi l'acceptation par les

---

1. Cette scène est visible dans le documentaire réalisé par Jérôme Caza sur l'élection de 2002, intitulé *Coup de tonnerre*.

socialistes de la primauté élyséenne dans l'ordre institutionnel français.

Au plus fort de la bataille électorale, cet accord au sommet pour tenir à distance les événements judiciaires produisit certains effets inattendus, qui allèrent dans le sens d'un renforcement supplémentaire – quoique fort discret – des privilèges présidentiels. Au début de l'année 2002, Annie Lhéritier, collaboratrice de longue date du Président, fut convoquée par la police, à la demande d'une juge parisienne, Colette Bismuth-Sauron. Son témoignage était requis dans le cadre d'une enquête consacrée aux effectifs du cabinet du maire de Paris qui semblait, sous les mandatures de Jacques Chirac, avoir abrité plusieurs dizaines de « chargés de mission » fictifs. Le 17 janvier, le directeur du cabinet du Président, Bertrand Landrieu, téléphonait en personne au directeur de la police judiciaire, Patrick Riou, pour lui indiquer que « celle-ci étant secrétaire particulière de M. Chirac, elle ne se rendrait pas à sa convocation, mais écrirait directement à Mme le magistrat instructeur[1] ». Le policier informa sur-le-champ le cabinet du ministre de l'Intérieur, Daniel Vaillant, qui répercuta la nouvelle à Matignon, d'où l'ordre fut donné de... ne rien faire. Le même jour, un courrier fut adressé par Annie Lhéritier à la juge. Elle s'y déclarait « prête à

---

1. Selon le compte rendu établi le jour même par le responsable policier et versé au dossier d'instruction. Archives de l'auteur.

répondre à toute question » mais avec ces précisions, que l'on devine dictées avec soin par les conseillers juridiques de l'Élysée : « Dans les circonstances actuelles, liées à l'approche d'élections nationales, il est essentiel pour moi de pouvoir bénéficier des garanties de sérénité offertes à tout citoyen apportant son concours à la justice, notamment par la protection du secret de l'instruction. Or les fonctions que j'exerce à la présidence de la République avivent nécessairement l'intérêt médiatique. C'est pourquoi, si une audition continuait à vous apparaître nécessaire, en dépit des réponses écrites que je me tiens prête à apporter à toute nouvelle question de votre part, je souhaiterais, si vous en êtes d'accord, que cette audition puisse se tenir directement à votre niveau et seulement après le 6 mai 2002[1]. »

La magistrate se rangea à ces raisons et la convocation fut reportée *sine die*. Dix ans plus tôt, cette forme d'immunité par délégation avait été invoquée, d'une façon similaire, par le directeur du cabinet de François Mitterrand, Gilles Ménage. Celui-ci était invité à comparaître devant une commission d'enquête parlementaire créée après la polémique suscitée par l'hospitalisation à Paris du chef du Front populaire de libération de la Palestine, Georges Habache. « Les dispositions de la Constitution qui régissent, conformément à la tra-

---

1. Lettre d'Annie Lhéritier, 17 janvier 2002. Archives de l'auteur.

dition républicaine et parlementaire, les rapports du président de la République et du Parlement dans l'exercice de leurs responsabilités respectives ne me permettent pas, en tant que collaborateur du président de la République, de répondre positivement à votre convocation », avait-il répondu. Les sénateurs, déjà, s'étaient inclinés. Dans un essai paru la même année, Jean-François Revel fustigeait alors avec acuité la pratique des « transferts d'irresponsabilité » de l'Élysée vers les ministres, qu'il attribuait à la même cause : « Le souci de soustraire le Président aux oscillations quotidiennes de la politique politicienne a conduit à lui conférer l'irresponsabilité en même temps que l'absolutisme, écrivit-il. Et l'irresponsabilité présidentielle s'est répandue d'en haut sur tout le reste de l'appareil d'État[1]. » Ce processus s'est d'autant moins interrompu que sous le règne de Jacques Chirac, la chronique judiciaire n'a cessé de se mêler aux « oscillations quotidiennes » de la vie du pouvoir...

De cela aussi, sans doute, les citoyens auraient dû être juges. Mais un jugement, c'est d'abord un débat. Arguments contre arguments, preuves contre alibis, plaidoirie contre réquisitoire : de cette contradiction parfois électrique, souvent éclairante, émerge la sentence qui exprime la justice. Si l'élection de 2002 devait faire le procès de l'irresponsabilité, ce ne pouvait donc être qu'au prix d'une telle

1. Jean-François Revel, *L'Absolutisme inefficace*, Plon, 1992, p. 83.

217

confrontation, franche et exhaustive, qui aborde la question sous tous ses aspects – politique, juridique et éthique –, qui soupèse les idées et les faits. Or Lionel Jospin priva les Français de ce débat. Parce qu'il se refusait à accuser un homme, il empêcha que soit jugée l'institution. Ignorant l'adversaire, il fit campagne *a contrario* sous un slogan abstrait qui n'exprimait qu'une antithèse : « Présider autrement » – mais entre les lignes duquel certains pisteurs d'inconscient, dans son propre entourage, suggéraient qu'il fallait lire cette attaque refoulée : « Présider car l'autre ment. » Lorsque sonna l'heure de la défaite, il ne lui resta plus qu'à traduire en acte cette conception différente de la responsabilité qu'il voulait promouvoir : il assuma seul son échec et annonça, avec une dignité émue, son retrait de la vie politique. Et Jacques Chirac, ainsi jugé par défaut, fut acquitté au bénéfice du doute.

Scellé au soir du premier tour par l'élimination de Jospin, distancé de 195 000 voix par Jean-Marie Le Pen, son triomphe est une victoire en trompe-l'œil. Il sauve l'homme du déshonneur politique et du péril judiciaire, mais consacre dans les chiffres l'abaissement de la fonction présidentielle. Le 21 avril 2002, le « coup de tonnerre » qui emporte le candidat socialiste frappe en effet l'exécutif tout entier : à eux deux, le président de la République et le Premier ministre ne recueillent que 37 % des suffrages exprimés, quand le taux d'abstention avoisine 30 %. En atteignant à peine 19,88 % des voix, Chirac fait tout juste mieux que lors de sa première tentative, en 1981 (18 %) ; à peu près l'équivalent de la deuxième, en 1988 (19,9 %) ; et légèrement moins bien qu'à la troisième, qui fut la bonne, en 1995 (20,8 %). Rapporté au nombre d'électeurs inscrits, ce résultat médiocre est aussi le pire qu'il ait jamais obtenu – et, de loin, le plus faible parmi les présidents qui ont brigué un second mandat[1].

Aussi les 82,2 % rassemblés au second tour constitueront-ils une illusion d'optique vite dissipée. Derrière ce score de république bananière, acquis au prix d'une mobilisation massive de la gauche sous la bannière de la défense de la démocratie, aucune majorité de gouvernement n'émerge. Seul reste l'étiage du 21 avril pour mesurer le discrédit du pouvoir. « L'escroc plutôt que le facho ! » clamaient les banderoles de l'entre-deux-tours ; c'était exposer en termes triviaux l'obligation d'opter pour le moindre mal, mais non poser les bases d'une nouvelle bipolarité de la vie politique. Le soir du 5 mai, une fois sa réélection confirmée, Jacques Chirac déclare solennellement aux Français : « Votre choix m'oblige. » Mais il s'abstient de préciser à quoi il se sent désormais tenu. Cette ellipse volontaire fonde les malentendus à venir.

---

1. De Gaulle avait recueilli 44,65 % des suffrages exprimés au premier tour en 1965 ; Giscard d'Estaing 28 % en 1974 ; François Mitterrand 34 % en 1988.

Car l'alchimie du suffrage universel peut transformer une minorité de premier tour en majorité du second, mais elle ne peut changer le plomb en or – c'est-à-dire, en l'espèce, redonner une légitimité à ce qui en manque.

Tout illustrera, désormais, le nouvel ordre chiraquien. Comme si la peur de la campagne était encore là, le Président ne s'entoure que de fidèles, écartant toute idée d'ouverture alors que les circonstances semblaient l'exiger et impose au contraire la création d'un parti à sa dévotion, l'UMP, grâce auquel il passe « de presque rien à quasi tout[1] » dans le contrôle des leviers du pouvoir, disposant bientôt d'une majorité harmonieuse à l'Assemblée nationale, au Sénat, dans la plupart des régions, des départements et des grandes villes. Feignant de croire que sa réélection est un sacre – quand elle ne couronne qu'une carrière –, il peut alors installer officiellement l'irresponsabilité au sommet. Au « monarque entouré de ses corps domestiques[2] » décrié par François Mitterrand en 1964, en la personne du général de Gaulle, il fallait au moins reconnaître une forte légitimité populaire ; désormais, seuls les penchants autocratiques sont encore là, qu'accentuent d'ailleurs l'étiolement

1. Jean-Jacques Chevallier, Guy Carcassonne, Olivier Duhamel, *La Ve République, 1958-2004, histoire des institutions et des régimes politiques de la France*, Armand Colin, 2004.
2. François Mitterrand, *Le Coup d'État permanent*, Plon, 1964.

de la représentativité. Depuis la fondation du régime, aucun président n'a concentré autant de pouvoirs ; aucun n'a recueilli un aussi petit nombre de voix. Après le *Coup d'État permanent*, voici venu le temps du 21 avril permanent.

La nomination de Jean-Pierre Raffarin à Matignon illustre cette conception. Acquise bien avant le 21 avril[1], elle ne résulte pas d'une équation politique mais d'un calcul tactique. Le sénateur du Poitou est matois, patelin et habile communicant : sa proximité affichée avec la « France d'en bas » est censée remédier au discrédit des élites exprimé dans le vote de la présidentielle. Mais il n'a aucun des atouts généralement requis pour se hisser au rang de chef d'une majorité parlementaire – c'est pourquoi il ne réussira jamais à le devenir. Il n'a ni l'expérience d'un Michel Debré, ni le prestige d'un Chaban-Delmas, ni la compétence d'un Raymond Barre, ni l'enracinement d'un Pierre Mauroy, ni la précocité d'un Laurent Fabius. Surtout, à l'inverse du Chirac de 1974 ou du Rocard de 1988, il n'apporte pas au président qui l'a choisi un surcroît de représentativité, une assise politique élargie.

---

1. « Avant le premier tour, mon opinion était faite, ça serait Raffarin », déclare Jacques Chirac à Franz-Olivier Giesbert. *Cf. La Tragédie du Président, scènes de la vie politique, 1986-2006, op. cit.*, p. 308. Le 26 mars 2002, Jérôme Monod aurait confié au futur Premier ministre, en marge d'un meeting à Paris : « Vous êtes notre homme. Bernadette pense comme moi. » *Cf.* Marie-Bénédicte Allaire et Philippe Goulliaud, *L'Incroyable Septennat, Jacques Chirac à l'Élysée, 1995-2002, op. cit.*, p. 711.

En fait, le principal fait d'armes de Raffarin, dans la geste chiraquienne est de s'être trouvé auprès de lui le jour où *Le Monde* a publié la cassette Méry – mais il est vrai que ces épreuves-là forgent les liens politiques : François Mitterrand conserva une reconnaissance éternelle à ceux qui l'avaient soutenu ou aidé dans l'affaire de l'Observatoire... Encore cette appartenance à la confrérie présidentielle ne renforce-t-elle sa légitimité qu'auprès de Chirac, de sorte qu'une mécanique inéluctable s'enclenche : chacun de ses revers est celui du Président avant d'être le sien ; or seul le Président peut lui demander des comptes ; il est donc à l'abri de toute sanction. La règle coutumière de la Vᵉ République est ainsi inversée : le Premier ministre n'est plus le bouclier du chef de l'État, voire son « fusible » ; il est autorisé à s'abriter derrière lui. C'est ainsi que Jean-Pierre Raffarin perdra, en deux ans, tous les scrutins qu'il aura à affronter : régionales, cantonales, européennes, sénatoriales, sans pour autant que Jacques Chirac ne le remplace.

La question de la responsabilité politique voisinant toujours avec celle de la responsabilité pénale, la constitution de son premier gouvernement, en mai 2002, est l'occasion d'un impromptu en forme d'acte manqué : sur la liste apparaît Renaud Donnedieu de Vabres, nommé ministre délégué aux Affaires européennes ; or celui-ci est mis en examen depuis plusieurs années dans une enquête sur le financement de l'ancien Parti républicain. Tout le monde l'avait oublié... Sitôt sa promotion annoncée, le chef du gouvernement doit essuyer une polémique publique sur l'opportunité de maintenir un ministre aux prises avec la justice. Lorsque la Cour de cassation rejette la demande d'annulation de la procédure, l'intéressé se prépare à comparaître devant le tribunal. Il n'est pas sommé de se démettre pour autant. En 1995, après son élection, Jacques Chirac avait réaffirmé le principe, alors en vigueur depuis plusieurs années, selon lequel « tout ministre mis en examen devra démissionner[1] ». Mais le nouveau ministre de la Justice, Dominique Perben, soutient haut et fort son collègue et affirme : « C'est la fin du jeu consistant à détruire un ministre malgré la présomption d'innocence[2]. » Une semaine plus tard, l'affaire est tranchée sans véritablement l'être : quoique réélu sans encombre député d'Indre-et-Loire, Renaud Donnedieu de Vabres est absent du remaniement traditionnel qui suit les élections législatives. Il ne réintégrera le gouvernement – cette fois comme ministre de la

---

1. Compte rendu du Conseil des ministres par François Baroin, porte-parole du gouvernement, 20 mai 1995. En 1992, Bernard Tapie, ministre de la Ville, avait dû quitter le gouvernement Bérégovoy après sa mise en examen. La même exigence avait ensuite été imposée, en 1993 et 1994, par Édouard Balladur à trois de ses ministres – Alain Carignon, Gérard Longuet et Michel Roussin. C'est pourquoi l'on parle souvent, à propos de cette règle, de « jurisprudence Bérégovoy-Balladur ».
2. Sur la radio BFM, le 12 juin 2002.

Culture –, qu'en 2004, après avoir été jugé ; qu'importe si son procès s'est soldé par une condamnation : vertige de l'irresponsabilité...

L'été 2003 marque une étape supplémentaire. Une canicule meurtrière s'abat sur la France, causant la mort de milliers de personnes. Le ministre de la Santé, Jean-François Mattei, annonce imprudemment que la situation est « maîtrisée », filmé en polo dans son jardin quelques heures avant que le nombre de victimes n'atteigne son point culminant. Mais lorsqu'il s'avère que la réaction des autorités a été tardive et que cette impéritie est reprochée au gouvernement, il renvoie la faute vers les services de son ministère, qu'il accuse de l'avoir alerté avec retard. Ulcéré, le directeur général de la santé donne sa démission mais le ministre, lui, n'est pas sommé d'en faire autant. Une fois encore, il sera simplement écarté au moment du remaniement suivant – comme s'il s'agissait d'éviter de donner corps à une sanction de la responsabilité gouvernementale.

Et pour cause : le Premier ministre lui-même n'a pas jugé bon d'écourter ses vacances après les premières alertes. Quand la polémique menace de l'atteindre, il conteste « toute idée de dysfonctionnement des rouages de l'État » et distille, à toutes fins utiles, une confidence protectrice à une journaliste du *Point* [1] : on comprend alors qu'au moment fort de la crise sanitaire, Raffarin avait téléphoné à

1. Catherine Pégard. *Cf. Le Point*, 29 août 2003.

Jacques Chirac, lui-même en villégiature au Québec, et que celui-ci l'avait expédié en observant que « ce n'est pas le gouvernement qui fait la pluie et le beau temps ». Le journal conclut : « Si Chirac peut lui en vouloir, c'est qu'il s'en voulait à lui-même de n'avoir pas insisté pour que, dès le début de la polémique, la réactivité du gouvernement soit plus forte. » Le partage des fautes entraîne ainsi le partage de l'irresponsabilité.

L'épisode caniculaire entraîne aussitôt un autre effet moins prévisible : il détourne momentanément l'attention vers le lieu incongru de la villégiature présidentielle – une bourgade canadienne, North Hatley, dans laquelle les Chirac avaient pris leurs quartiers dans un hôtel de luxe du 5 au 19 août. Les reporters dépêchés en hâte sur les lieux ne glanent que de maigres détails. Quelques rencontres protocolaires, un dîner officiel avec le Premier ministre du Québec, l'agression du chien du Président par un molosse en pleine rue... Puis, à partir du 9 août, aucune manifestation visible de la présence dans le village du couple Chirac. Ajoutée à l'absence du moindre signe de compassion envers les souffrances de ses compatriotes, l'invisibilité temporaire du chef de l'État alimente de nouvelles interrogations.

Sous la monarchie présidentielle française, il n'y a pas toujours loin de l'absence du souverain à la vacance du pouvoir.

X

L'homme malade de l'Europe

Ô rage, ô désespoir, ô vieillesse ennemie ;
n'ai-je donc tant vécu que pour cette infamie ?
Corneille, *Le Cid.*

Il est 19 heures passées de quelques minutes, ce vendredi 2 septembre 2005. À l'Élysée, Jacques Chirac vient de présider une réunion protocolaire avec les représentants de la principauté d'Andorre, dont le chef de l'État partage la suzeraineté avec l'évêque d'Urgel. Essentiellement honorifique, cette charge méconnue fait du président de la République l'héritier direct des anciens rois de France : elle remonte à un accord signé en 1278 par le comte de Foix, dont les effets furent dévolus à Henri IV à la fin du XVIe siècle. Les temps ont passé et les régimes avec eux, mais il est encore de ces petits détails qui témoignent d'une continuité entre les monarques du royaume – ceux d'hier et ceux d'aujourd'hui.

Ce soir-là, le légataire a joué son rôle princier avec bonhomie ; les témoins racontent qu'il a plaisanté, serré des mains, conversé agréablement avant de saluer ses vassaux et de remonter, par le grand escalier, jusqu'à son bureau, situé au premier étage du palais. Enfermé seul pour lire des dossiers et signer du courrier, il a ressenti des douleurs au front, de plus en plus violentes. Le temps d'appeler pour qu'on lui apporte de l'aspirine, il lui a semblé que sa vue se troublait d'un côté. Il a alors prévenu sa fille, Claude, qu'il se sentait mal, puis Jack Dorol, le médecin-chef de l'Élysée. Quand celui-ci est entré dans la pièce, le Président, penché vers l'avant, se tenait la tête entre les mains.

A-t-il perdu connaissance ? Son visage portait-il les stigmates de l'attaque vasculaire dont il venait d'être victime ? Communiqués officiels, porte-parole autorisés et confidents anonymes jureront bientôt que non, dans un unanimisme qui ne suffit pas, pourtant, à écarter tous les doutes. Car telle est la rançon d'une personnalisation excessive : celui qui exerce le pouvoir est aussi la figure qui l'incarne ; que l'homme soit diminué, et c'est aussitôt la fonction qui est atteinte. C'est pourquoi la tentation instinctive est toujours celle du secret – cacher le mal pour préserver la majesté, l'autorité du dirigeant, cette dimension symbolique qui fait de lui un individu au-dessus des autres, quand la maladie, elle, le ramène cruellement à sa condition de simple mortel. Dans la soirée du 2 septembre, ce réflexe prime sur toute autre considération. Le médecin ayant décrété qu'un examen d'urgence s'imposait, on aide le Président à monter dans une voiture et il est conduit en toute hâte à l'hôpital du Val-de-Grâce ; mais, sur ordre de Claude Chirac, le véhicule n'est suivi d'aucun détachement de gendarmes du service de sécurité, afin de ne pas risquer d'attirer l'attention sur le cortège.

À l'Élysée, peu nombreux sont les conseillers qui, en cette veille de week-end, ont vent du départ précipité du chef de l'État. À l'hôpital, la discrétion maximale est de rigueur. Établissement militaire, le Val-de-Grâce dispose en permanence d'une chambre isolée, dont l'emplacement est confidentiel, spécialement équipée dans l'éventualité d'une hospitalisation d'urgence du président de la République. Son personnel relève du ministère de la Défense, non de la Santé – c'est dire que son obligation de réserve s'ajoute au secret médical. Les conditions sont donc réunies pour que l'incident reste caché. Dans la soirée, les médecins diagnostiquent sans peine un accident vasculaire cérébral : la rupture d'un vaisseau sanguin au niveau du cerveau, qui peut entraîner des symptômes plus ou moins passagers, dont la perte de la vue, partielle ou totale, est un des plus courants. Ils recommandent alors une hospitalisation d'une semaine, afin d'administrer au chef de l'État le traitement anticoagulant que nécessite son état. Âgé de soixante-treize ans, n'ayant jamais beaucoup ménagé son organisme – il fut longtemps un gros fumeur et reste un gros mangeur –, celui-ci doit être placé sous surveillance constante pour prévenir tout risque de récidive. En outre, des traces de l'hémorragie sont apparemment visibles sur son visage, sous la forme d'un petit hématome ; pour cela aussi, il vaut mieux le tenir hors des regards durant quelques jours.

Nul ne saura jamais combien de temps l'entourage de Jacques Chirac se serait efforcé de garder le silence. Le lendemain matin de l'hospitalisation, un appel téléphonique de l'Agence France-Presse, qui dit avoir bénéficié d'une « fuite » et demande confirmation, place l'Élysée au pied du mur et l'oblige à réagir. Encore l'annonce est-elle réduite au strict minimum : un communiqué de cinq lignes est promptement diffusé, qui « confirme » l'hospitalisation, s'abstient de toute indication sur sa cause et suggère que le président de la République envisage « le report des activités prévues la semaine prochaine ». On apprendra plus tard qu'à cet instant, seul Dominique de Villepin, nommé Premier ministre trois mois auparavant, avait été mis dans la confidence – et encore, tardivement : ce même samedi, en milieu de matinée. Ni le président du Sénat ni celui du Conseil constitutionnel, pourtant tous deux parties prenantes dans le déclenchement du processus d'« empêchement » prévu par la Constitution, n'ont été informés[1]. C'est dire que

1. L'article 7 de la Constitution, qui fixe les conditions d'exercice du mandat présidentiel, de l'entrée en fonctions à la cessation des fonctions, dispose : « En cas de vacance de la présidence de la République pour

pendant un peu plus d'une nuit, le chef de l'État était physiquement incapable d'assumer ses fonctions, mais qu'il en gardait cependant la maîtrise exclusive. Autrement dit : le pouvoir n'était plus exercé.

Dans l'émotion du moment, avec les interrogations qui en découlaient sur la longévité du Président et le calendrier de sa succession, cette observation cruciale fut reléguée au rang de l'anecdote. Le rétablissement de Jacques Chirac et sa sortie de l'hôpital sous l'œil des caméras, le 9 septembre, la balayèrent comme une mauvaise pensée. Pourtant, plus que toutes les préséances et les attributions régaliennes, le silence imposé sur la santé du chef de l'État disait une forme d'appropriation du pouvoir par celui qui en a reçu la charge, une confiscation qui va de pair avec l'*omerta* officielle et qui se lit jusque dans les mots : ce que l'on tient secret, on le garde pour soi.

Nul besoin de dire qu'en pareille circonstance, les démocraties comparables auraient eu recours à des pratiques normalisées, le plus souvent fixées par des textes : aux États-Unis, la moindre affection du président est portée sur-le-champ à la connaissance du vice-président ; en Grande-Bretagne, une indisponibilité grave du Premier ministre requiert

quelque cause que ce soit, ou d'empêchement constaté par le Conseil constitutionnel saisi par le gouvernement et statuant à la majorité absolue de ses membres, les fonctions de président de la République [...] sont provisoirement exercées par le président du Sénat et, si celui-ci est à son tour empêché d'exercer ces fonctions, par le gouvernement. »

l'information de la reine et des ministres. En France, le seul dispositif prévu confie au chef du gouvernement la mission de saisir le Conseil constitutionnel afin de « constater », le cas échéant, que le chef de l'État n'est pas en mesure d'exercer ses fonctions. Mais la position de subordination qui est la sienne ne facilite guère une telle initiative. En 1973, alors que les souffrances et les traitements lui déformaient le visage, Georges Pompidou, atteint d'une grave maladie du sang, feignit jusqu'au bout de diriger le pays. Son Premier ministre, Pierre Messmer, le suppléait parfois dans les tâches officielles, mais le principal était contrôlé par le cabinet du président de la République, derrière les murs impénétrables de l'Élysée. Jamais il n'eut l'idée de dénoncer son incapacité à gouverner. Les absences de plus en plus nombreuses de Pompidou étaient officiellement attribuées à des grippes à répétition et à des crises d'hémorroïdes. Face à la mort qui approchait, le président se mentait à lui-même ; le pays fut l'otage de ce mensonge.

De cette période douloureuse et politiquement délicate, aucune conséquence institutionnelle n'a été tirée. Valéry Giscard d'Estaing annonça, une fois élu, qu'il diffuserait des bulletins de santé réguliers, mais cet engagement ne fut jamais tenu. François Mitterrand, lui, honora cette promesse mais on sait de quelle manière : les communiqués semestriels que signait son médecin personnel, le

Dr Claude Gubler, étaient faux, puisqu'ils omettaient de mentionner le cancer de la prostate dont il souffrait. « On ne peut rien révéler. C'est un secret d'État » avait dicté Mitterrand ; et, à son médecin : « Vous êtes lié par ce secret[1]. » Le piège s'était refermé sur les deux hommes – et les rares proches qui savaient – six mois après l'élection de 1981, quand, au mois de novembre, le mal fut détecté lors d'un examen passé au Val-de-Grâce. Ils s'y étaient rendus dans la vieille DS de Gubler, eux aussi sans escorte, pour ne pas se faire repérer... Las, dès la semaine suivante, *Paris Match* publiait la photo de ce patient très discret sortant de l'hôpital. Il fallut alors que le silence fît place au mensonge. Cela dura jusqu'en 1992, quand l'opération devint indispensable. Un communiqué annonça alors que le président Mitterrand était atteint d'un cancer. Mais l'ancienneté de la maladie resta cachée, pour éviter qu'un scandale ne compromette la fin du mandat.

L'exceptionnelle résistance de François Mitterrand face au cancer qui le minait, imprévue des médecins et défiant les statistiques, plaide, il est vrai, en faveur d'une transparence sélective. Si son état avait été connu, il n'est pas douteux que le président socialiste n'aurait pu affronter l'épreuve de la cohabitation avec la même force, en 1986, ni *a fortiori* se représenter et être réélu, deux ans plus tard. L'histoire montra pourtant qu'il en était

1. Claude Gubler et Michel Gonod, *Le Grand Secret*, Plon, 2005.

capable. Il est certain, en revanche, que la falsification qu'il imposa au sommet de l'État trahissait le lien de confiance censé unir le peuple à son dirigeant et que, en cela, il contribua au discrédit de la parole présidentielle. Dans un portrait psychologique iconoclaste, Paul Yonnet est allé au-delà de ce reproche, suggérant avec cruauté que la dissimulation de son cancer par François Mitterrand aurait été la cause d'autres maux : « L'annonce de sa maladie, et de ses conséquences inéluctables, a-t-il écrit, a fait tomber des barrières et des interdits moraux, a amplifié les tendances existantes dans le sens du cynisme : faire ce que je veux le temps qu'il me reste à vivre[1]. » Évoquant le « sentiment de toute-puissance » de l'homme qui fait reculer la mort, l'auteur soulignait ainsi l'avènement, dans la pratique mitterrandienne du pouvoir, d'un « double système de vérités », officielles et masquées, qu'illustra selon lui le « mensonge sur la réalité conjugale du couple présidentiel, aussi énorme que celui sur la santé du Président »...

Reste, encore et toujours, la question de la légitimité qui seule fonde les pouvoirs démocratiques. À partir de l'automne 1994, le vieux chef d'État n'était plus qu'un monarque épuisé qui s'accrochait à son trône. « Il ne remplissait plus le mandat pour lequel les Français l'avaient élu[2] », écrit Claude Gubler. Il

---

1. Paul Yonnet, *François Mitterrand, le phénix*, Éditions de Fallois, 2003.

2. Claude Gubler et Michel Gonod, *Le Grand Secret*, *op. cit.*

passe alors des heures dans son lit, écourte ses rares rendez-vous, ne lit plus guère ses dossiers – mais les Français n'en savent rien. Il met ses dernières forces au service d'un ultime objectif : aller jusqu'au bout. Revenant sur l'agonie de Pompidou, Mitterrand avait lui-même écrit : « Le courage était-il de partir, était-il de rester ? Je ne tranche pas. Je crois comprendre qu'il y avait de la fierté dans cette façon d'afficher sa décrépitude[1]. » Vingt ans plus tard, confronté à une épreuve identique, il livre un commentaire qui en dit long sur les équivoques de sa propre situation : « À l'époque, c'était un sujet tabou. On peut comprendre que ce n'ait pas été dit. Et puis, pour un président de la République, dans le système actuel, c'est assez difficile parce que, aussitôt, tout s'organise autour de sa succession... On crée donc un trouble qui dure tant que les choses durent. Je comprends un peu son réflexe. Ce n'était pas dans les mœurs[2]. »

Pas plus que Pompidou, il ne voudra donner le sentiment du renoncement. Démentant les rumeurs de démission, il affirme, le 6 janvier 1995, devant un parterre de journalistes : « J'accomplirai mes fonctions autant que mes forces me le permettront et je n'ai pas de raisons de penser qu'elles ne me le permettront pas. Je ne veux pas m'étendre sur ma santé mais

1. François Mitterrand, *La Paille et le Grain*, Flammarion, 1998.
2. Cité par Frédéric Abadie et Jean-Pierre Corcelette, in *Georges Pompidou, le désir et le destin*, Balland, 1994. Entretien avec François Mitterrand recueilli le 29 avril 1993.

je suis obligé de vous répondre. C'est un jeu que j'ai ouvert moi-même et tout est public. J'ai dit que tout serait public et tout l'est. » Comme sous Pompidou, tout le monde feint de croire qu'il dit vrai. Pourtant, chaque mercredi, les ministres du gouvernement Balladur assistent au spectacle de sa douleur. Mais tout se passe comme si une déférence d'essence monarchique interdisait tout commentaire sur le *corps du roi* et ses tourments. À ceci s'ajoute la situation particulière du Premier ministre : parce qu'il brigue la succession, Balladur ne veut pas qu'on le soupçonne de profiter de l'affaiblissement du président Mitterrand ; parce qu'il garde le souvenir de l'agonie de Pompidou, dont il fut le secrétaire général à l'Élysée, il compatit à sa souffrance – « Laissez-moi, je ne veux pas que vous me voyez pleurer », lui avait-il murmuré, un jour de 1974 pire que les autres. Mobiles politiques et humains qui ont privé les Français d'une information qui, d'évidence, les regardait.

Cette hantise de la déchéance, Chirac l'a éprouvée à son tour. À l'été 1997, quand il rongeait son frein à l'Élysée après l'échec de la dissolution, il fut traité contre un début de dépression. Il se montrait le moins possible, mais les témoins qui le visitaient lui trouvaient un air absent, parfois négligé. En 2000, les rumeurs sur ses enrouements répétés et son léger embonpoint l'ont vexé. Les observateurs les plus sagaces remarquaient aussi qu'il portait sans cesse un sparadrap à l'index – à cause d'une verrue sous l'ongle dont il n'arrivait pas à se débarrasser, diront ses proches. Habile, il en fit un sujet de contre-attaque après la sortie de la cassette Méry, pour se poser en victime de toutes les « calomnies ». Pendant la campagne de 2002, l'attaque maladroite de Jospin, qui le décrivait « vieilli, fatigué, usé par le pouvoir », l'a galvanisé et s'est retournée contre son auteur. Mais fin 2003, la révélation de sa surdité naissante lui a fait frôler le ridicule ; l'Élysée s'est enferré dans les démentis alors que plusieurs photos attestaient le port d'un sonotone. Quand la ministre Roselyne Bachelot a fini par vendre la mèche, un matin à la radio, elle s'est fait tancer par Bernadette Chirac et le chef de l'État l'a boudée pendant des mois. Résultat : Claude a proscrit tout appareil et, là encore, la contre-vérité est devenue le dogme – « Non, le Président n'est pas sourd. »

Plus que tous ses prédécesseurs, Jacques Chirac a construit sa réussite politique sur une image de solidité et d'énergie inaltérables. Aussi l'atteinte portée à cette réputation ajoute-t-elle à son affaiblissement. Mais la mystique présidentielle est si puissante qu'elle oblige à nier les évidences, quitte à refuser de livrer aux citoyens les détails les plus insignifiants. Ainsi, pendant son hospitalisation, les communiqués lus par les médecins militaires commencent par n'évoquer qu'un « petit accident vasculaire », qui ne sera qualifié de « cérébral » qu'après deux jours, avant que ne soit divulguée l'existence d'un « hématome de petite taille » dont on ne connaîtra jamais l'emplacement précis. Les textes, bien sûr, sont rédigés sous l'autorité de l'Élysée. Pour l'avoir regretté et avoir émis des doutes sur leur contenu, le président du conseil de l'ordre des médecins se fera néanmoins rabrouer[1]. Cela tombait pourtant sous le sens : le médecin est astreint au secret même si le patient souhaite l'en délivrer ; seul le malade et sa famille peuvent décider de révéler eux-mêmes des éléments relatifs à son état de santé. La lecture des bulletins présidentiels obéit donc à une mise en scène dans laquelle le chef de l'État – qui est aussi chef des armées – reste maître de ce qui est dit et de ce qui est tu. Si bien qu'aucune information précise ne sera livrée sur l'ampleur des séquelles laissées par l'accident, ni sur l'éventualité d'alertes précédentes qui auraient pu passer inaperçues. Trois semaines avant son hospitalisation s'était ainsi déroulé, en plein Conseil des ministres, un épisode curieux, qui échappa à la plupart des participants : à trois reprises en quelques minutes, Jacques Chirac avait

1. Dans le quotidien *La Croix* du 7 septembre 2005, le président du conseil de l'ordre des médecins, Jacques Roland, avait affirmé que « ces communiqués, présentés comme médicaux, sont en fait des textes mis au point par le patient, ses proches, ses conseillers » et qu'ils sont ensuite « lus par un médecin chargé de la communication, dans un souci d'authenticité ». « Nous ne sommes plus dans la communication médicale, concluait-il, mais dans le filtrage d'informations d'origine politique. » À la suite de ces déclarations, la direction du Val-de-Grâce avait indiqué que ces communiqués avaient été « établis par l'hôpital à la demande expresse du patient et lus par un porte-parole », précisant que leur teneur avait « respecté l'exigence de rigueur médicale ».

laissé tomber au sol une page posée devant lui en essayant de la saisir. Cette incapacité fugitive pouvait résulter, selon les spécialistes, d'une petite attaque cérébrale transitoire à laquelle le Président lui-même n'aurait pas vraiment prêté attention.

Pareil indice renvoie à la question de fond : celui dont la Constitution fait le garant de la « continuité de l'État » peut-il, en toutes circonstances, être seul juge de ses propres capacités ? Depuis la révélation du mensonge mitterrandien, nombre de propositions ont été formulées – par des médecins et des juristes – afin d'instituer un collège d'experts chargés d'examiner à échéances régulières le chef de l'État et dont le diagnostic ne serait publié qu'en cas d'affection grave, de nature à perturber l'exercice des fonctions. Toutes sont restées lettre morte. Et si Jacques Chirac se soumet, tous les six mois, à une batterie d'examens, sous le contrôle de plusieurs grands professeurs parisiens, il n'a pris aucun engagement de rendre publiques leurs observations. Ainsi, l'absolutisme présidentiel continue d'imposer sa loi. Comme Louis XIV proclamait : « L'État c'est moi », ses lointains successeurs républicains peuvent dire à présent : « Mon état est à moi », sans être contredits.

« La vieillesse est un naufrage », disait de Gaulle. Chez les chefs d'État, les misères de l'âge semblent toujours correspondre aux épreuves du pouvoir. Pour Chirac, l'attaque cérébrale du 2 septembre ressemble à une métaphore douloureuse de l'affaissement politique. Quatre mois plus tôt, il a essuyé un nouvel échec, plus cruel encore que les précédents parce que ses conséquences traversent les frontières. Le 29 mai 2005, le référendum qu'il avait convoqué afin de faire adopter la Constitution européenne a tourné au fiasco : le projet a été repoussé par 55 % de « non » et ce qui restait de son autorité a coulé à pic. Avant cela, ses revers électoraux en série et ses tourments judiciaires en cascade avaient largement ruiné son crédit ; mais il restait, hors de France, un dirigeant reconnu, dont l'ancienneté et la prestance suscitaient le respect dans les sommets internationaux – lui-même s'en amusait parfois : « Je n'ai peut-être pas les honneurs de la presse, mais j'ai quand même meilleure réputation que Berlusconi ! » l'a entendu souffler, un jour, l'un de ses conseillers. Désormais, tout a changé. Même aux yeux de ses homologues, c'est un président diminué, moralement exsangue et électoralement moribond. Ils ne voient plus en lui le vieux sage dont les avis pesaient, mais le chef déclinant, l'homme malade de l'Europe.

La campagne référendaire a ressemblé à un long chemin de croix, qu'il a parcouru de bout en bout sous le poids de la défaite qui se profilait. Point d'orgue de cette déconfiture, l'émission de télévision du 14 avril, sur TF1, où il fut confronté aux interrogations et aux reproches de quatre-vingt-trois jeunes gens sélectionnés par un institut de sondage. L'inspiration venait de Claude Chirac. La fille et conseillère du Président se disait convaincue qu'une heure de pédagogie européenne dispensée par un vieux maître à ses disciples serait préférable à une interview classique menée par des journalistes spécialisés. Car l'ordre présidentiel permet aussi, en France, ce qui ne serait imaginable dans aucune autre démocratie : même en période électorale, le chef de l'État peut choisir son terrain, son questionneur et ses thèmes. Les chaînes, fussent-elles privées, s'inclinent devant sa volonté. En 1992, avant le référendum sur le traité de Maastricht, Mitterrand avait choisi de débattre avec Philippe Séguin, ainsi promu *de facto* chef de file des opposants. Il avait aussi sélectionné l'animateur – le journaliste Guillaume Durand, qu'il espérait ainsi aider à rivaliser avec Patrick Poivre d'Arvor, qu'il jugeait trop puissant. En 2005, Chirac n'a pas voulu d'un face-à-face ; interrogé, ce soir-là, sur ses raisons de rejeter un duel, il a donné benoîtement cette réponse : « Qui aurais-je choisi ? » L'idée n'est venue à personne que le chef de l'État pouvait laisser à d'autres le soin de désigner son contradicteur.

La soirée a viré au cauchemar : le nez dans ses fiches, Chirac semblait réciter mécaniquement des argumentaires d'énarque dénués d'exemples concrets ; il entendait mal, faisait répéter, cherchait ses réponses, cachait mal son désarroi face à l'inquiétude qui s'exprimait et qu'il paraissait découvrir. À bout d'arguments, il s'est laissé aller à cet aveu d'impuissance : « Je ne comprends pas votre pessimisme et je vais vous dire, ça me fait de la peine... »

Sans doute l'incompréhension réciproque qui s'exprimait ainsi n'est-elle pas inédite. Le général de Gaulle comme François Mitterrand ont connu, avant lui, le syndrome de l'usure décennale. « Dix ans, ça suffit ! » criaient les manifestants de Mai 68 au fondateur de la Ve République et, en 1991, le président socialiste fêtait le dixième anniversaire de l'alternance dans la tourmente des scandales et de l'impopularité d'Édith Cresson, qu'il avait imprudemment nommée Premier ministre. Mais s'y ajoute, dans le cas de Jacques Chirac, l'impression d'une fatalité, d'un rendez-vous chaque fois manqué avec une reconnaissance populaire qu'il continue d'attendre mais qui, comme la Madeleine de la chanson de Brel, n'arrive pas. Bien sûr, il a remporté d'innombrables scrutins, terrassé maints adversaires, gagné deux présidentielles, mais, depuis son entrée à l'Élysée, il court sans cesse derrière l'espoir d'une majorité qui serait authentiquement la sienne – celle qu'il n'a pas voulu faire naître d'une dissolution en 1995 ; celle qu'il a échoué à créer par la dissolution de 1997 ; celle qui, surgie des urnes après la réélection de 2002, était si peu à lui qu'elle se donnait déjà à Nicolas Sarkozy.

Parce qu'il permet de replonger aux sources de la légitimité, le référendum était l'instrument idéal de cette quête – et le dernier qui lui restait. Mais cela supposait que la question posée permette l'émergence d'une réponse claire dont il puisse se prévaloir. C'est pourquoi il n'a pas voulu d'une consultation sur la laïcité et le port des signes religieux à l'école, que certains, dans son entourage, lui recommandaient. Il craignait qu'elle n'accentue d'abord les divisions de son propre camp. L'Europe lui paraissait offrir une voie moins escarpée : le sujet conforterait sa stature internationale et diviserait surtout la gauche. En outre, les sondages effectués à la fin de 2004 présentaient une perspective très favorable : le taux d'approbation de la Constitution européenne – que pourtant personne n'avait lue – avoisinait 70 % !

L'initiative comportait cependant un risque. Héritée du bonapartisme, la procédure référendaire pousse mécaniquement à la personnalisation des enjeux – « la tentation de répondre à celui qui pose la question plus qu'à la question elle-même », disent les constitutionnalistes. Si le texte prévoit que le gouvernement doit en faire la « proposition » au chef de l'État, le référendum est en réalité l'une des rares attributions qui lui appartiennent en propre, sans nécessiter aucun contreseing – la signature du Premier ministre ou d'un ministre. C'est donc un acte de responsabilité par excellence, placé entre les mains du chef de l'exécutif dans le cadre de son rôle arbitral. Une arme qui, comme la dissolution, peut se retourner contre lui.

En 1969, de Gaulle y eut recours pour tenter de faire adopter une réforme du Sénat qui était surtout un prétexte pour restaurer son autorité, ébranlée par les événements de 1968 ; la dimension personnelle du vote provoqua sa défaite et il quitta le pouvoir avec hauteur, comme il s'y était engagé[1]. En 1992, Mitterrand considérait que la ratification du traité de Maastricht, parce qu'elle entraînait notamment le choix d'une monnaie unique européenne, devait être soumise au vote des Français ; mais à l'inverse de de Gaulle, il annonça d'avance qu'il se maintiendrait si le « non » l'emportait. Il gagna son pari et en tira un bénéfice politique substantiel. En 2005, tout indique que Chirac a voulu combiner à son avantage l'expérience de ses deux prédécesseurs. Du premier, il a retenu la manœuvre intéressée ; celle qui fait du référendum le prétexte d'un vote de relégitimation. Du second, il garde l'indifférence du résultat sur la suite de son mandat. Par addition des deux critères, il invente ainsi le plébiscite sans la dimension plébiscitaire : le vote qui lui offre les lauriers du vainqueur sans l'exposer au risque de la défaite.

Mais sa démarche est percluse de contradictions et le souvenir de 1997 ne joue pas en sa faveur. Après la « dissolution de confort » manquée, Chirac a rêvé trop ouvertement d'un « référendum de confort » réussi. Touffu, technique et fastidieux, le texte du traité constitutionnel européen se prête peu à un vaste débat national entre partisans et adversaires, ce

1. Le 10 avril 1969, dans un entretien radiotélévisé avec le journaliste Michel Droit, qui lui demandait s'il comptait « lier son destin de chef de l'État » au résultat du référendum, de Gaulle répondait : « Il ne peut y avoir le moindre doute à ce sujet. De la réponse du pays dépendra la continuation de mon mandat ou mon départ. »

qui laisse le champ libre à d'autres contestations – sur la construction européenne en général ou la politique du gouvernement – et fait apparaître le référendum comme une habileté, pour ne pas dire une tromperie. Son engagement dans la campagne et les accents catastrophistes qu'il emprunte – « Si la France vote non, elle sera le mouton noir de l'Europe », prévient-il – renforcent d'ailleurs, chez les partisans les plus chauds du traité, le sentiment d'une légèreté coupable : soumis au Parlement, le texte aurait réuni une large majorité englobant la droite et la gauche pour le ratifier et la menace brandie par le Président aurait été aisément conjurée. Mais le bénéfice politique aurait été, pour lui, insuffisant. C'est pourquoi il s'est lancé dans l'aventure.

À ces arrière-pensées trop voyantes s'ajoute l'impression diffuse d'un énième revirement tactique sur la question européenne. Car si Chirac avait fortement pris sa part dans le référendum gagné par François Mitterrand sur le traité de Maastricht en conduisant au vote « oui » la moitié du RPR de l'époque[1], il n'a pas dissipé le sentiment d'un européisme de circonstance. C'est le même homme qui, en 1978, stigmatisait dans son fameux « appel de Cochin » les menées du « parti de l'étranger » œuvrant à l'« inféodation de la France » par la construction européenne ; le même qui, durant sa

---

1. Face au camp souverainiste dont les deux figures de proue étaient Philippe Séguin et Charles Pasqua.

campagne victorieuse de 1995, promettait de soumettre le choix de la monnaie unique à un nouveau référendum [1] alors qu'il était inscrit dans les engagements de la France – précisément depuis Maastricht... Chirac, c'est aussi l'homme qui, en 1986, louait les vertus du libéralisme incarné par le président américain Ronald Reagan et qui, vingt plus tard, dresse l'éloge de la Constitution européenne parce qu'elle protègerait des « dérives libérales ». Son chemin est trop sinueux pour qu'un peuple s'y engouffre. Surtout quand la confiance envers le guide s'est étiolée.

Le 29 mai au soir, la mine défaite, Jacques Chirac « prend acte » de la « décision souveraine » des Français dans une très courte allocution qui ne mentionne pas le mot « responsabilité ». Mais il annonce une « impulsion nouvelle et forte » pour l'« action gouvernementale » que chacun traduit aussitôt par le remplacement de Jean-Pierre Raffarin par Dominique de Villepin. Jacques Chirac achève ainsi le renversement de l'ordre institutionnel : théoriquement chef de la majorité parlementaire, le Premier ministre n'a été jugé comptable

1. Le 6 novembre 1994, Jacques Chirac avait intégré à son programme de candidat à l'élection présidentielle l'organisation d'un référendum spécifique portant sur l'adoption de la monnaie unique, qui n'était que l'une des mesures fixées par le traité de Maastricht. Il assurait alors que la ratification du traité n'emportait pas automatiquement celle des dispositions monétaires qu'il contenait – ce qui paraissait juridiquement difficile à soutenir. Une fois élu, il n'a plus évoqué cette possibilité.

d'aucune des déroutes électorales de son camp depuis 2002 puisqu'il est resté en fonctions ; mais, au lendemain du référendum voulu par le président de la République, il est prié d'assumer seul en quittant Matignon une défaite qui n'est pas la sienne.

« Une esthétique de pouvoir a remplacé l'exercice du pouvoir », écrivait Jacques Chirac dans *La France pour tous*, opuscule publié en 1995 pour tracer les lignes de son action future. Apercevant la cause du « déclin du politique » dans la « dictature sournoise de l'émotion dans une atmosphère de cour, ou de Bas-Empire, aggravée par une dérive monarchique dans le fonctionnement de nos institutions », il s'indignait alors en ces termes, que dix années de son règne n'ont pas rendus caducs : « Le peuple est devenu l'oublié d'une démocratie du simulacre et de l'apparence : voilà la cause primordiale du mal français. Quand le pouvoir politique abdique, le doute s'empare vite de l'opinion ; les intérêts privés, l'air du temps, les coteries font la loi ; les corporatismes se réveillent, les pays étrangers cessent de nous respecter[1]. » En s'accrochant à son pouvoir vermoulu, il fait pourtant à nouveau, le 29 mai 2005, le choix de l'irresponsabilité et consacre l'« abdication » qu'il dénonçait. Nouvelle leçon du présidentialisme chiraquien : la démission du politique vaut mieux que celle du président.

1. Jacques Chirac, *La France pour tous*, Nil, 1995.

Les juges aussi ont abdiqué. Ce n'est pas qu'ils avaient rêvé d'un grand soir ni d'un quelconque soulèvement contre le pouvoir. La magistrature française est plus corporatiste qu'elle ne le dit, mais moins qu'on ne le croit : c'est pourquoi l'idée d'un mouvement collectif s'élançant des palais de justice à la conquête de l'État relève davantage du fantasme que de la réalité. Régulièrement agitée par les défenseurs de l'ordre politique établi, la menace d'un « gouvernement des juges » est surtout un conte destiné à effrayer le bon peuple[1]. Depuis la réélection de Jacques Chirac, elle s'est en tout cas évanouie sans crier gare. La décision de la Cour de cassation, bien sûr, a fixé les limites : le président de la République est intouchable tant que dure son mandat. Mais, plus encore que cette jurisprudence, c'est le 21 avril 2002 qui a donné le signal de la retraite. Avec la qualification de Jean-Marie Le Pen au second tour de l'élection présidentielle, nombre de magistrats se sont sincèrement demandé si l'affrontement de la justice et du pouvoir n'était pas allé trop loin, si les enquêtes impliquant le Président et, au-delà, les principaux partis au pouvoir, n'avaient pas contribué plus fortement au discrédit des institutions qu'aux progrès de la transparence – bref, si le chemin de l'enfer antidémocratique n'avait pas été pavé des meilleures intentions judiciaires...

1. *Cf.* par exemple Patrick Devedjian, *Le Temps des juges*, Flammarion, 1996, et Éric Zemmour, *Le Coup d'État des juges*, Grasset, 1997.

Le 14 juillet 2001, alors que les « affaires » menaçaient de l'emporter, Jacques Chirac avait lancé, avec férocité : « Les juges ne sont pas des autorités légitimes, démocratiques, élues comme dans certains pays » et demandé que soit rétabli, au sein du corps judiciaire, un « minimum de discipline ». Une fois réélu, il s'est employé à mettre en œuvre ce programme. Nominations ciblées, circulaires contraignantes adressées aux parquets, suivi méticuleux des dossiers sensibles sont redevenus la règle à la chancellerie. À la fin du mois de septembre 2002, le conseiller de l'Élysée pour la justice, Laurent Le Mesle, est allé jusqu'à recevoir, à quelques jours d'intervalle, trois anciens directeurs du cabinet du Président à la mairie de Paris[1], qui venaient d'être convoqués par une juge, pour préparer avec eux un système de défense harmonieux. L'enquête portait sur les anciens « chargés de mission » de l'Hôtel de Ville, dont le nombre et la variété laissaient entrevoir l'existence d'une sorte de liste civile du maire de la capitale : s'y croisaient des militants du RPR en Corrèze, berceau électoral de la chiraquie, des épouses et parents d'anciens ministres, des élus déchus en attente d'un mandat, des champions sportifs, des militants associatifs, syndicaux ou politiques, ainsi que des personnes en détresse sur lesquelles l'attention du maire avait été attirée.

1. Daniel Naftalski et Rémy Chardon, anciens directeurs du cabinet du maire de Paris, et Anne Cuillé, ancienne directrice adjointe du cabinet.

Nombre de ces bénéficiaires ont admis, devant les policiers, n'avoir jamais réellement travaillé pour la mairie de Paris et devoir leur recrutement à l'intervention personnelle de Jacques Chirac. Mais ces indices n'ont jamais été officialisés sous la forme d'un acte de procédure distinguant l'implication du chef de l'État, de façon à permettre des poursuites ultérieures contre lui, une fois sa présidence achevée. La responsabilité directe du Président est pourtant engagée dans au moins un cas : dans les archives de l'Hôtel de Ville, les enquêteurs ont retrouvé un contrat signé de sa main ; celui d'un chauffeur affecté auprès d'un sénateur du RPR. Mais l'employé n'a disposé d'un statut de « chargé de mission » que pour quelques mois ; il fut ensuite officiellement intégré à l'équipe des chauffeurs municipaux, tout en restant au service du sénateur. Aussi, le 29 juillet 2002, la magistrate chargée du dossier, Colette Bismuth-Sauron, a-t-elle demandé au parquet l'extension de sa saisine afin de vérifier la présence d'autres cas similaires dans les registres municipaux. Le refus du procureur lui fut notifié dans la journée.

Les suspicions sur la gestion de la questure de l'Hôtel de Ville ont eux aussi été promptement remisées. Saisi par le maire socialiste de la capitale, Bertrand Delanoë, successeur de Jean Tiberi, le parquet s'est opposé, le 10 octobre 2002, à l'ouverture d'une information judiciaire sur la base du rapport de l'inspection générale qui avait suscité l'émoi de

Bernadette Chirac[1] : les services du procureur estimaient les faits prescrits. Le mois suivant, la mairie déposait une plainte avec constitution de partie civile, de façon à obliger la justice à se saisir du rapport. Confié au juge d'instruction Philippe Courroye, le dossier fut en définitive refermé par ce magistrat, pourtant réputé amateur d'enquêtes politico-financières sensibles[2]. Le 15 mars 2004, au terme de longs conciliabules procéduraux, le magistrat suivait à la lettre les réquisitions du parquet et rendait un non-lieu, considérant que les irrégularités constatées dans les comptes de la Questure devaient être considérées comme prescrites compte tenu des contrôles administratifs auxquels ils avaient été soumis. L'argument était d'opportunité : dans leur rapport, les inspecteurs de la Ville avaient expressément noté qu'aucune des vérifications prévues n'avait été effectuée jusqu'en 2000, pour la bonne raison que les chiffres des exercices précédents n'avaient pas été transmis à la Cour des comptes. Il l'emporta néanmoins, et malgré l'appel du maire de Paris, le classement du dossier fut confirmé. Entre-temps, le juge Courroye, terreur du pôle financier parisien, avait été promu, à la

1. *Cf.* chapitre IX, p. 205.
2. Alors en poste au tribunal de Lyon, c'est ce magistrat qui avait diligenté, en 1993 et 1994, les enquêtes qui ont abouti aux condamnations des anciens ministres Alain Carignon et Michel Noir. C'est également lui qui été chargé des différentes enquêtes relatives au financement des activités politiques de Charles Pasqua.

surprise de ses pairs, chevalier de la Légion d'honneur sur le contingent du ministère de la Justice[1].

Plus édifiant encore fut le revirement de son collègue Armand Riberolles. Juriste méthodique et enquêteur coriace, celui-ci était réputé pour la sévérité de ses interrogatoires, où les questions les plus incisives étaient habillées d'une extrême courtoisie. Quand il fut désigné, en septembre 2001, pour reprendre le dossier retiré des mains d'Éric Halphen, l'Élysée y avait vu un danger. C'est ce magistrat qui avait mené l'instruction sur le marché des lycées d'Île-de-France, dévoilé le système d'ententes illicites qu'il avait occasionné, obtenu les aveux de Louise-Yvonne Casetta et d'autres responsables du financement du PS et de l'ex-Parti républicain. Lui aussi qui, dans la même affaire, avait ordonné l'incarcération de Michel Roussin, à la fin de l'année 2000 – soit à quelques jours de l'entrée en vigueur de la réforme de la détention provisoire, qui devait priver les juges d'instruction de ce pouvoir. Pourtant, le printemps 2002 semblait l'avoir changé. Il avait, certes, procédé à une nouvelle saisie de la cassette-testament de Jean-Claude Méry mais, à l'inverse de son prédécesseur, il s'était gardé d'en faire une véritable pièce à conviction, *a fortiori* un élément à charge contre les anciens dirigeants de l'OPAC ou les réseaux chiraquiens.

---

1. Le 14 juillet 2004.

Cet état d'esprit était apparu aussitôt après l'élection présidentielle, lorsque le juge Riberolles avait convoqué, le 30 mai 2002, l'ancien directeur adjoint de l'office HLM parisien, François Ciolina. Le 3 avril 2001, cet ingénieur polytechnicien qui eut, jadis, à souffrir de l'omniprésence de Méry, avait fait à Éric Halphen des aveux suffisamment clairs pour lui permettre d'attaquer directement le Président. Ce procès-verbal ayant été annulé comme tant d'autres pièces, une nouvelle audition était inéluctable. Mais cette fois, les questions et les réponses furent moins précises. Ciolina confirma la teneur générale des déclarations contenues dans la cassette Méry mais il affirma que les interventions de Jacques Chirac, de Jean Tiberi et de Michel Roussin sur les attributions de marchés s'étaient faites auprès du directeur de l'OPAC, Georges Pérol, et hors sa présence – de sorte qu'il ne pouvait en témoigner formellement. À aucun moment, il n'évoqua plus les « remises d'espèces au cabinet du maire » dont il avait spontanément parlé un an auparavant. Le juge n'insista pas. Il prononça la clôture de l'enquête le 19 janvier 2004 sans qu'aucune mise en cause du Président n'y figure. Ainsi, personne ne sut qu'il s'en était approché à un cheveu.

L'épisode remontait, il est vrai, aux derniers jours de la campagne présidentielle. Dans l'incertitude de ces instants fatidiques, les démarches d'un petit groupe de policiers étaient passées inaperçues. Riberolles leur avait confié la mission de reconstituer l'emploi du temps de Jacques Chirac, un certain dimanche d'octobre 1986. C'est à cette date que Jean-Claude Méry situait, dans sa confession posthume, la fameuse scène de la remise des cinq millions, à l'hôtel Matignon, « dans le bureau de Michel Roussin » et « en présence de Jacques Chirac ». S'il ne se souvenait pas du jour précis, l'homme d'affaires assurait, devant la caméra, qu'il s'agissait du « jour de la mort du père de Georges Pérol » et qu'il se le rappelait avec certitude pour en avoir « parlé avec M. Chirac pendant un petit quart d'heure ». Les services de l'état civil avaient instantanément fourni l'information – c'était le 5 octobre 1986. Mais les demandes policières, aussitôt adressées au secrétariat général du gouvernement (SGG) ainsi qu'au commandant militaire de Matignon, restèrent infructueuses : les registres quotidiens ne comportent pas la mention de tous les rendez-vous, leur répondit-on, et ces archives ne sont, de toute façon, pas conservées au-delà d'un an. Sollicité à son tour, le chef du service de documentation du SGG, expliqua qu'il « n'entre pas dans les attributions de [son] service de noter les entrées des visiteurs à l'hôtel Matignon » et que « le Premier ministre et son cabinet ne font pas enregistrer par le SGG toutes leurs décisions et encore moins les rendez-vous qu'ils prennent ». Sa déposition fut recueillie le 18 avril, c'est-à-dire trois jours avant le premier tour du scrutin.

La semaine suivante, alors que la France était sous le choc de la qualification de Jean-Marie Le Pen pour le second tour, deux policiers se rendaient à la bibliothèque du centre Georges-Pompidou, afin d'explorer les journaux de l'époque, à la recherche d'éventuelles indications utiles. Leur lecture leur enseigna ce que l'Élysée avait constaté au lendemain de la publication de la cassette Méry : le samedi 4 octobre 1986, Jacques Chirac concluait une visite de quarante-huit heures au Maroc – une dépêche d'agence signalait même son atterrissage à Orly à 20 h 10 ce soir-là ; le lundi matin, à 8 h 20, il était interrogé en direct sur Europe 1, de son bureau de Matignon. Mais aucune information n'était disponible sur ses activités durant la journée du dimanche. Le rapport des deux enquêteurs, long de dix petites lignes, fut établi le 26 avril 2002. Il constitua le dernier acte de cette enquête ultra-confidentielle, dont l'objectif ne pouvait être que de corroborer l'accusation la plus grave portée par Méry contre le chef de l'État. Après la victoire de Jacques Chirac, aucune autre diligence ne fut entreprise sur ce sujet. Le juge Riberolles avait tourné la page.

La manifestation la plus éclatante de son renoncement survint au mois de mars 2005. Dans la longue ordonnance de renvoi qu'il rédigea, dans la perspective du procès de l'affaire des lycées d'Île-de-France, le magistrat s'abstint de toute allusion à l'épisode des billets d'avion du Président et de ses proches, qui avait causé tant de panique à l'Élysée. Nullement fortuite, cette omission scellait *de facto* l'extinction de toute poursuite sur l'origine des fonds versés en espèces à l'agence de voyages de Neuilly. Plus radical qu'un non-lieu, plus discret qu'une amnistie, moins compromettant qu'un classement sans suite, l'abandon des recherches sur ce volet hautement sensible ne résultait d'aucun acte de procédure particulier, qu'il aurait fallu justifier et qui, dès lors, aurait pu faire l'objet de contestations et de recours.

Cet escamotage subtil présentait un autre avantage : il laissait à tout jamais dans l'oubli la demande de convocation du Président que le juge avait, en 2001, estimée « nécessaire à la manifestation de la vérité et à l'appréciation des niveaux de responsabilités ». Quant au rapport d'expertise versé au dossier d'instruction, qui rappelait qu'à la date des paiements litigieux, la réglementation fiscale proscrivait les règlements en espèces supérieurs à 150 000 francs et que sept versements d'une telle ampleur avaient été constatés, il resta lettre morte. Ce seul point aurait pu motiver l'ouverture d'une procédure distincte, mais le juge s'est abstenu d'en faire la demande au parquet. Si bien que, quatre ans après que le Président eut affirmé – contre toute évidence – que les sommes visées par l'enquête étaient en train de faire « pschitt ! », c'est l'affaire elle-même qui s'est volatilisée.

Quelques semaines plus tard, Armand Riberolles fut nommé par le ministère de la Justice à Genève, en qualité de conseiller auprès de la mission permanente de l'ONU.

C'est ainsi que la montagne des « affaires » accoucha d'une souris judiciaire. De l'avalanche d'enquêtes qui convergeaient vers le Président, il ne resta que soupçons en suspens et révélations inutiles. Nommé procureur à Chartres, le juge Desmure avait dû se résigner à laisser derrière lui, à l'été 2002, le dossier du financement du RPR et de ses permanents. Son successeur, Alain Philibeaux, en retira les éléments relatifs à Jacques Chirac et les classa dans un autre dossier, spécialement ouvert à cet effet et instantanément refermé, le 12 décembre 2002, en vertu de l'interdiction formulée par la Cour de cassation : une enquête suspendue le temps d'une fin de règne. Le même jour, la commission d'experts mandatés par l'Élysée rendait son rapport sur le statut pénal du chef de l'État. Présidée par le constitutionnaliste Pierre Avril, ce groupe de juristes avait été recruté par Maurice Ulrich en vertu d'une promesse de Jacques Chirac, lancée en pleine campagne comme on jette un leurre – pour égarer les poursuivants. Après quelques mois de travaux, la commission avait rendu un rapport moins convenu que son commanditaire ne l'attendait. Si ses conclusions approuvaient clairement le principe de l'immunité du chef de l'État en exercice, elles préconisaient en outre l'inscription dans la Constitution de la suspension de la prescription et, surtout, recommandaient l'instauration d'un mécanisme de destitution du président de la République par le Parlement, en cas de « manquement à ses devoirs ». « Le souci de protéger la fonction peut exiger de la protéger aussi contre son titulaire lui-même [1] », expliquaient insolemment les auteurs du rapport.

Soumises à l'analyse des conseillers de l'Élysée, puis de la chancellerie, ces propositions furent décrites au Président au mieux comme « inutiles », au pire comme « dangereuses ». Inutiles parce qu'elles recoupaient le dispositif protecteur imposé par la Cour de cassation ; dangereuses dès lors qu'elles y ajoutaient une procédure de responsabilité politique qui donnait aux parlementaires une marge d'appréciation excessive. On les classa donc au fond d'une armoire. Devant l'un des plus vieux fidèles du chef de l'État, aux prises avec la justice, Dominique de Villepin pouvait claironner : « Chirac n'est plus concerné par tout ça. Pour cinq ans, il est blindé. »

Mais le temps, les épreuves et la maladie ont fini par transpercer la carapace. C'est alors que le Président, tels les vieux rois voyant se profiler la fin du règne, s'est concentré sur la dernière obsession qui lui restait : sa succession.

1. *Le statut pénal du président de la République*, rapport de la commission de réflexion sur le statut pénal du président de la République, 12 décembre 2002, La Documentation française, 2003.

XI

Le meurtre du fils

Le roi se dérobe aux penchants de la nature :
voilà le père contre l'enfant !
William Shakespeare, *Le Roi Lear.*

« – Je décide, il exécute. »

La formule a été aiguisée comme une lame, pour être tranchante à souhait. Elle figurait, en toutes lettres, sur le document de travail à l'aide duquel le Président a préparé son intervention. Ce 14 juillet 2004, le Président profite de son entretien télévisé annuel pour régler publiquement le compte de Nicolas Sarkozy[1]. Il y met une férocité et une jubilation que ses collaborateurs ne lui avaient plus

---

1. Interrogé sur l'existence d'un désaccord avec Nicolas Sarkozy, alors ministre de l'Économie et des Finances, sur le budget de la Défense, Jacques Chirac a précisément répondu : « Il n'y a pas de différend entre le ministre des Finances et moi, pour une raison simple, c'est que – notamment s'agissant de la Défense – je décide et il exécute. »

connue depuis l'été 2001, lorsqu'il s'était déchaîné contre Lionel Jospin. Dans les deux cas, son moteur est identique : la peur de l'humiliation. C'est elle qui lui dicte l'irrépressible besoin d'affirmer sa préséance, de montrer qu'il est encore le maître, tant que les institutions lui en offrent les moyens. « Le président est en charge de l'essentiel », disait de Gaulle. À qui veut précipiter sa chute, Jacques Chirac veut une fois encore prouver que rien n'a changé. Il sait, en pareil cas, retrouver des accents martiaux de vieux guerrier dont on aurait bafoué l'honneur.

Comme Lionel Jospin, Nicolas Sarkozy s'est montré trop pressé. Depuis l'élection de 2002, il agit comme s'il se sentait seul investi de la mission de rassurer les Français et de restaurer le crédit de la politique. Il a d'abord utilisé le ministère de l'Intérieur comme une rampe de lancement pour ses ambitions présidentielles proclamées, s'est porté sur tous les fronts, a multiplié les prises de position sur tous les sujets. Il a aussi profité des difficultés de Jean-Pierre Raffarin pour se hisser aux avant-postes du gouvernement, devenir la star des médias et s'installer en position de recours. Au fil des mois, ses relations avec Jacques Chirac n'ont cessé de se dégrader. Comme chez les personnages de Corneille, elles sont faites d'admiration mutuelle, d'affection contrariée et de méfiance réciproque. S'y ajoute, puisque le pouvoir en est l'enjeu, un rapport quasi freudien qui pousse le prétendant à vouloir tuer le monarque en même temps que, dans une pulsion réciproque, le souverain cherche à éliminer son successeur. Ce « complexe de Laïos », qu'a finement identifié l'anthropologue Marc Abélès[1], tous les présidents l'ont éprouvé : ce fut particulièrement évident pour de Gaulle avec Pompidou après Mai 68, pour Pompidou avec Chaban-Delmas comme pour Mitterrand avec Rocard. Entre Chirac et Sarkozy, demeure, en outre, le ressentiment profond de 1994, quand l'élève trahit le maître pour devenir le premier lieutenant de Balladur. Chirac n'a pas oublié cette félonie ; Sarkozy ne lui a pas pardonné sa propre erreur de jugement : il était tout simplement persuadé qu'il ne parviendrait jamais à l'Élysée...

En 1995, Chirac l'a puni en le bannissant du régime ainsi que ceux qui l'avaient servi : il a même veillé à ce que son directeur de cabinet, l'inspecteur des Finances Pierre Mariani, ne retrouve aucun poste dans la haute administration. Sarkozy s'est replié sur Neuilly et a attendu son heure. Un an plus tard, alors que le gouvernement s'enfonçait dans l'impopularité, Alain Juppé lui-même a proposé au Président d'en faire un ministre des Finances, pour enterrer enfin les vieilles rancunes et réconcilier la droite : le Président a dit non. Il a fallu la débâcle de 1997 et les périls de l'affrontement contre Jospin pour que Dominique de Villepin parvienne enfin à lui rouvrir les portes.

1. *Le Monde*, 21 janvier 2004.

Sarkozy s'y est engouffré comme un renard dans un poulailler : avec voracité. Mais plus il a dévoré, plus son appétit a grandi. Au printemps 2004, après les débâcles électorales, les députés le réclamaient à Matignon ; Chirac l'a envoyé à Bercy – « pour que je me plante, mais je réussirai », a-t-il ricané. Le Président en a profité pour installer Villepin à l'Intérieur, avec cette recommandation : « Il faut vous préparer. »

C'est qu'il n'y a plus d'héritier légitime. Au mois de janvier précédent, Alain Juppé a perdu son destin devant un tribunal. À l'issue du procès de l'affaire des permanents du RPR, les juges de Nanterre lui ont infligé le châtiment dont un élu ne se relève pas : dix-huit mois d'emprisonnement avec sursis et, surtout, dix ans d'inéligibilité. Qualifiée par ses avocats de « peine de mort politique », la peine découlait automatiquement de l'application combinée d'un article du Code électoral et de la loi de 1995 sur le financement des partis[1]. Durant les

1. La loi du 19 janvier 1995 prévoit que les élus condamnés pour des délits figurant au chapitre du Code pénal intitulé « Des manquements au devoir de probité », dont la « prise illégale d'intérêt », qui était reprochée à Alain Juppé, sont automatiquement radiés des listes électorales pour une durée de cinq ans. L'article LO 130 du Code électoral dispose, quant à lui, que les personnes radiées des listes électorales pour avoir subi une condamnation pénale se voient infliger une période d'inéligibilité dont la durée est le double de celle de leur radiation. La combinaison de ces deux dispositions avait conduit le tribunal de Nanterre, dans son jugement du 30 janvier 2004, à infliger à l'ancien Premier ministre dix années d'inéligibilité.

audiences, l'ancien Premier ministre est apparu mal à l'aise et cassant, entravé par un système de défense qui l'obligeait à nier les évidences. Le jugement sanctionne aussi cette attitude : il rappelle, certes, que l'ancien Premier ministre était « directement subordonné au président du mouvement » – c'est-à-dire à Jacques Chirac – mais avec cette conclusion assassine : « Alain Juppé a, alors qu'il était investi d'un mandat électif public, trahi la confiance du peuple souverain. » Sous le choc, le condamné a envisagé, durant quelques heures, d'annoncer son retrait de la vie publique pour en finir une fois pour toutes avec ce long calvaire. Jadis, dans un moment de spleen, il avait soufflé à une journaliste du *Nouvel Observateur* une confidence en forme d'avertissement : « Je l'ai dit à Jacques Chirac les yeux dans les yeux : je ne sais pas comment je réagirai si je suis condamné à une peine infamante. Dans ce cas, j'abandonnerai la politique. C'est une question d'éthique personnelle[1]. » Le Président a su le dissuader de mettre sa – double – menace à exécution.

En contrepartie, l'Élysée a préparé avec soin son procès en appel. Tous les délais d'audiencement ont été battus : la deuxième manche est fixée au 30 octobre de la même année. Pour que l'illusion dynastique puisse perdurer, il faut laver au plus vite

1. Propos recueillis par Carole Barjon dans *Le Nouvel Observateur*, 14 novembre 2002.

l'honneur perdu d'Alain Juppé. C'est l'homme de confiance du chef de l'État pour les questions judiciaires, Laurent Le Mesle, devenu directeur de cabinet de Dominique Perben puis de Pascal Clément à la chancellerie, qui a piloté la manœuvre pour adoucir le sort de Juppé. Devant la cour d'appel de Versailles, ses avocats vont plaider la contradiction des textes : la loi sur le financement des partis, certes, fixe l'inéligibilité automatique, mais le Code pénal, lui, prévoit la même sanction parmi les « peines accessoires » que les juges peuvent prononcer à leur guise et dont ils sont libres de fixer le quantum. Comme par hasard, l'avocat général se rangera à cette argumentation – alors que le parquet, en première instance, n'avait pas même envisagé cette hypothèse. L'inspiration est également venue de la Place Vendôme pour fixer l'ampleur du bannissement politique imposé à l'ancien Premier ministre : l'avocat général a requis deux ans, soit la même durée que celle qui fut imposée à Henri Emmanuelli, trésorier du PS, condamné dans l'affaire Urba[1] ; c'est aussi la longueur de la période qui s'ouvre durant laquelle aucun scrutin n'est prévu... Les magistrats de la cour d'appel iront au-

1. Le 13 mars 1996, Henri Emmanuelli avait été condamné à dix-huit mois de prison avec sursis, 30 000 francs d'amende et deux ans de privation de droits civiques. Mais, compte tenu de l'ancienneté des faits qui lui étaient reprochés, cette sanction n'avait été prononcée qu'en vertu du régime antérieur à la loi de 1995 sur le financement de la vie politique, qui instaurait la peine d'inéligibilité automatique.

delà de ce vœu : ils n'infligent à Juppé qu'une année d'inéligibilité. Leur condamnation, rédigée dans des termes infiniment moins sévères[1], ménage ainsi son avenir : il sera redevenu éligible en 2007, au cas où. Mais dans l'attente d'un improbable come-back, il lui faut abandonner ses mandats et se faire – un peu – oublier.

Privé de son dauphin, le Président s'est inventé un petit prince en la personne d'Hervé Gaymard. Gaulliste en culotte courte, admirateur de Malraux et chiraquien de longue date, cet énarque prometteur de quarante-quatre ans, qui se pique de littérature, guettait son heure. À l'automne 2004, il avait proposé à l'Élysée d'affronter Sarkozy pour la présidence de l'UMP. L'idée avait été repoussée parce qu'elle compromettait trop ouvertement le chef de l'État dans une tentative vouée à l'échec. Mais sa bravoure est récompensée : quand Sarkozy, sommé de choisir entre son ministère et le parti, choisit de quitter le gouvernement, c'est Gaymard qui est désigné pour le remplacer à Bercy. Plusieurs conseillers de Chirac l'affirment au même moment, comme s'ils répétaient un argument préparé à

---

1. Dans son arrêt, la cour d'appel jugeait « regrettable que M. Juppé, dont les qualités intellectuelles sont unanimement reconnues, n'ait pas cru devoir assumer devant la justice l'ensemble de ses responsabilités pénales et ait maintenu la négation de faits avérés », mais soulignait qu'il n'avait « tiré aucun enrichissement personnel de ces infractions commises au bénéfice de l'ensemble des membres de son parti » et estimait, dès lors, qu'il ne devait pas en être le « bouc émissaire ».

l'Élysée : « Il ira loin. Il va donner un coup de vieux à Sarkozy. »

Mais au mois de février 2005, le prodige est emporté par un tourbillon qu'il a lui-même provoqué. Pour loger sa famille – son épouse et leurs huit enfants –, le jeune ministre a choisi un appartement de 600 mètres carrés en duplex dont le loyer, fixé à 14 000 euros mensuels, est acquitté par l'État. La révélation de ce privilège par *Le Canard enchaîné* l'entraîne dans une cascade de justifications embarrassées et de protestations contradictoires, au terme desquelles il annonce, le 25 février, sa démission. « C'est moi le responsable parce que, par définition, quand on est ministre, on assume », déclare-t-il sur TF1, la voix blanche.

En réalité, l'épisode offre un condensé des dérives du système de responsabilité sous l'État présidentiel. De fait, c'est en vertu d'une dérogation expresse de Matignon que le ministre a pu emménager dans une résidence aussi vaste ; une circulaire assignait aux membres du gouvernement des surfaces nettement inférieures. Le 3 janvier, le secrétaire général du gouvernement, Jean-Marc Sauvé, évoquait dans une note les difficultés du cas Gaymard, concluant selon la formule policée en vigueur dans la haute fonction publique, que « les circonstances de l'espèce peuvent justifier l'autorisation » à condition qu'une « instruction » soit donnée en ce sens par le Premier ministre. Le 10 janvier, le directeur du cabinet de Jean-Pierre

Raffarin, Michel Boyon, signait l'autorisation. Dès lors, la responsabilité incombait à Matignon, non au ministre, puisque seule cette signature autorisait la conclusion du bail. Mais Gaymard, voyant sa réputation bafouée, s'aventura dans une défense désordonnée, occultant la faute administrative dont il ne pouvait être tenu comptable par une erreur politique dont il était l'auteur. Au dixième jour de ses démentis calamiteux, quand la contestation publique commença à viser le gouvernement dans son ensemble et le Président lui-même, accusé d'avoir si mal choisi son poulain, Jacques Chirac baissa le pouce et exigea sa démission. Hervé Gaymard s'exécuta – dans tous les sens du terme.

C'est alors – et alors seulement – que vint l'heure de Dominique de Villepin. Le Président connaissait ses talents : la fougue, la combativité, le panache, tant de fois mis à son service pour l'aider à traverser les tempêtes. Mais il sait aussi ses défauts : le narcissisme, la précipitation, le dédain de l'ordinaire, la recherche obsessionnelle du moment historique, de l'événement charnière qui fait basculer les destins, à commencer par le sien. Depuis les jours tristes de 1994, quand tout le monde le donnait perdant et qu'avec une petite troupe d'irréductibles, Villepin forgea la victoire, Jacques Chirac sait ce qu'il lui doit. Depuis 1997, il sait aussi ce qu'il peut lui coûter, lorsque l'exaltation des épreuves et des drames prend chez lui le pas sur la raison. Il est à la fois le requin et la mouette du poème de René Char dont il fait le titre d'un livre[1] : féroce et aérien, prisonnier de ses instincts carnassiers et pourtant, à sa façon, libre comme l'oiseau... Son ambivalence n'est pas celle de l'indécision, mais de la duplicité : il aime l'État autant que les complots, révère la haute diplomatie et goûte la basse police, affecte de mépriser la politique pour masquer sa passion du pouvoir. Une partie de lui est faite pour tranquilliser le Président ; l'autre ne laisse pas de l'inquiéter.

Dès 2002, Villepin rêvait du ministère de l'Intérieur sans vouloir l'avouer. Quand Chirac l'a donné à Sarkozy, il s'est rabattu sur les Affaires étrangères ; pour apaiser sa soif d'action et d'intrigues, il s'y est arrogé la tutelle sur les services secrets, en vertu d'une délégation informelle de l'Élysée pour garder un œil sur la partie immergée du « domaine réservé ». Il n'y a pas connu que des réussites : à l'été 2003, la tentative de récupération de l'otage colombienne Ingrid Betancourt par une équipe de la DGSE s'est soldée par un fiasco retentissant – il avait négligé de prévenir les autorités brésiliennes qu'une partie de l'opération se déroulerait sur leur sol... Mais il a placé quelques hommes sûrs, entretenu des contacts, ouvert des dossiers.

Le 1er janvier 2004, dans son majestueux bureau du quai d'Orsay, c'est au titre de cette fonction offi-

1. Dominique de Villepin, *Le Requin et la Mouette*, Plon/Albin Michel, 2004.

cieuse qu'un de ses vieux amis, Jean-Louis Gergorin, est venu attirer son attention sur une affaire explosive : il se disait en possession d'une liste de détenteurs de comptes bancaires occultes à l'étranger sur laquelle figuraient des industriels, de hauts fonctionnaires et des hommes politiques français. Naguère fondateur, au ministère des Affaires étrangères, du Centre d'analyse et de prévision (CAP), dont Villepin fut l'un des membres, Gergorin est un ancien conseiller d'État féru de géostratégie, obsédé par le renseignement et la lutte contre le blanchiment d'argent. Sa personnalité fantasque tranche avec son *curriculum vitae* : il est bardé de diplômes, dispose de relations haut placées dans la plupart des grands pays du monde, siège depuis 1984 au conseil d'administration du groupe Lagardère et porte un titre de « directeur de la stratégie » au sein du consortium industriel franco-allemand EADS. À l'entendre, seul Villepin peut déclencher les investigations ultra-secrètes qu'exige la teneur des documents qu'il détient. Gergorin lui dit en effet avoir informé de ses découvertes un de leurs amis communs : le général Philippe Rondot, ancien agent secret devenu conseiller spécial au ministère de la Défense ; mais celui-ci lui semble traîner les pieds. Aussi suggère-t-il que le ministre use de son « influence personnelle » pour stimuler sa motivation[1].

1. Procès-verbal d'audition de Jean-Louis Gergorin par la division nationale des investigations financières de la police judiciaire, 30 mai 2006.

Aguiché, Villepin demande à Gergorin de lui préparer une synthèse des éléments qu'il possède et promet d'organiser une réunion avec Rondot. Le 9 janvier 2004, les trois hommes se retrouvent dans le bureau du ministre. L'affaire Clearstream peut débuter. Pour l'heure, elle n'est encore qu'un chuchotis couvert par le vacarme des luttes politiques qui agitent le sommet de l'État. Le même jour, on peut lire en première page du *Monde* : « Chirac-Sarkozy, les dessous d'une guerre sans merci ». L'article évoque les différends incessants qui opposent le chef de l'État et le ministre de l'Intérieur – sur les nominations, le leadership de la majorité, la politique étrangère. Une phrase de Sarkozy, rapportée par son entourage, y est citée : « Chirac ne me hait pas ; c'est pire, il me craint. » De son côté, le général Rondot rédige, comme à son habitude, un compte rendu de la réunion au Quai d'Orsay. Sur un carnet à spirale, de sa petite écriture compliquée, il inscrit notamment ces mots :

« L'enjeu politique → Nicolas Sarkozy

fixation sur Nicolas Sarkozy [ref : conflit Chirac-Sarko][1]. »

Quoi que ses acteurs aient pu en dire par la suite, une fois le mystère sorti de l'ombre, c'est sous le signe de cette obsession que commence l'imbroglio

1. Note manuscrite du général Philippe Rondot, datée du 9 janvier 2004, saisie à son domicile de Meudon, le 24 mars 2006.

Clearstream. Ce jour-là, le général reçoit un ordre explicite : « Vérifier la validité de cette liste pour savoir si, oui ou non, les personnalités qui étaient citées possédaient un compte[1]. » Cette instruction lui est présentée par Dominique de Villepin comme une directive de l'Élysée. Sa note du 9 janvier en témoigne : « Instruction du PR auquel D. de V. avait rendu compte. Traitement direct avec le PR. "Prudence", "cadre secret", "tenir compte des manipulations politiques"[2] », a-t-il relevé.

Rondot a pourtant un doute : familier des intrigues du Moyen-Orient, il est rompu aux leurres et aux artifices du monde de l'espionnage et son titre de gloire est d'avoir arrêté le terroriste Carlos, en 1994 au Soudan ; s'il ne connaît rien à l'univers des banques et de la finance, ce listing secret aux allures de Bottin mondain le laisse sceptique. Au bas de la même note, il a donc porté cette réserve explicite :

« Nouvelle construction intellectuelle montée par JLG et qui accroche D. de V. La théorie du complot ? Ne pas avancer sans preuves concrètes[3]. »

En soldat expérimenté, il a aussi pris le soin de se couvrir, en invoquant par écrit, dans un courrier

1. Procès-verbal d'audition du général Philippe Rondot par les juges d'instruction Jean-Marie d'Huy et Henri Pons, 28 mars 2006.
2. Note manuscrite du général Philippe Rondot, 9 janvier 2004, *op. cit.* Les initiales « PR » désignent le président de la République et « D. de V. » signifie bien sûr Dominique de Villepin.
3. Note manuscrite du général Philippe Rondot, 9 janvier 2004, *op. cit.* Les initiales « JLG » désignent Jean-Louis Gergorin.

destiné à Villepin, les consignes qui ne lui ont été données qu'oralement. Datée du 12 janvier 2004, la lettre est adressée à « Monsieur le ministre, cher Dominique » et indique : « Il convient bien d'agir "avec prudence, dans un cadre secret, en tenant compte d'éventuelles manipulations politiques", selon les propos du Président, tels que tu les as rapportés. J'ajoute que, pour suivre avec beaucoup d'attention ce dossier, il faut être certain de ce qui y est avancé, ce qui suppose à la fois la validation des informations obtenues et la rigueur dans leur interprétation[1]. »

Rondot va s'atteler à cette tâche avec discipline et discrétion. Au cours des sept mois qui suivent, il ne rend compte de ses recherches qu'à Dominique de Villepin et, de façon partielle, à son supérieur direct au ministère de la Défense, le préfet Philippe Marland, directeur du cabinet de Michèle Alliot-Marie. Durant cette période se noue l'intrigue qui, deux ans plus tard, engendrera une affaire d'État. Le 8 juillet 2004, l'hebdomadaire *Le Point* dévoile l'existence des fameux listings de Clearstream et révèle qu'un informateur anonyme les a fait parvenir au juge Renaud Van Ruymbeke[2]. L'article assure que des noms de politiques y figurent, mais ne les cite pas. Gergorin, Rondot et Vil-

1. Lettre du général Philippe Rondot à Dominique de Villepin, ministre des Affaires étrangères, 12 janvier 2004.
2. « L'affaire d'État qui fait trembler toute la classe politique », *Le Point*, 8 juillet 2004.

lepin savent, eux, que les documents mentionnent deux identités à consonance magyare qui désignent en fait Nicolas Sarkozy : « Paul de Nagy » et « Stéphane Bocsa »[1].

Une semaine après, Jacques Chirac, à la télévision, foudroie son jeune rival de sa flèche assassine : « Je décide, il exécute. » Seuls les conjurés de l'affaire Clearstream comprennent qu'il faut entendre ainsi le signal présidentiel : « J'ai décidé : qu'on l'exécute. »

En tout Président, il y a un tueur qui sommeille. Le chemin de l'Élysée est barré de tant d'embûches, d'épreuves et de pièges qu'il requiert force et résistance d'une densité peu commune. Mais la victoire suppose en outre l'élimination des concurrents et le souvenir de ces meurtres politiques laisse à leur auteur le goût inoubliable du sang. Le pouvoir fournit ensuite les moyens d'assouvir, de temps à autre, la tentation de récidiver. Parfois, la vindicte seule commande l'élimination d'un adversaire. Il arrive que s'y ajoute la crainte d'avoir à le retrouver sur sa route. En 1995, ces deux sentiments habitaient l'esprit de Jacques Chirac. Ses trois cibles principales s'appelaient Édouard Balladur, Nicolas Sarkozy et François Léotard. Ulcéré par leur trahison, le Président, on le sait, leur ferma les portes

1. L'identité complète du ministre est Nicolas, Paul, Stéphane Sarkozy de Nagy-Bocsa.

du pouvoir. Ivre de vengeance, il lança – on le sait moins – quelques hommes choisis sur leurs traces.

Les recherches commandées par l'Élysée portaient sur la destination de mirobolantes commissions versées en marge d'un contrat signé en novembre 1994 par François Léotard, alors ministre de la Défense du gouvernement Balladur, avec l'Arabie Saoudite. Baptisé Sawari 2, l'accord prévoyait la livraison par les industriels français de deux frégates armées à la marine saoudienne, avec une option sur la construction d'un troisième bâtiment. Montant du contrat : entre 3 et 4,2 milliards d'euros. Durant la campagne électorale, plusieurs rapports confidentiels avaient été transmis à l'état-major du candidat Chirac pour signaler qu'une partie des sommes devait alimenter les caisses du camp adverse. Au lendemain du scrutin, le Président exigea des preuves. Dominique de Villepin supervisa l'opération. En juillet 1995, le nouveau ministre de la Défense, Charles Millon, fit placer sur écoute téléphonique par la DGSE au moins trois collaborateurs de son prédécesseur[1]. D'autres surveillances

1. La révélation de ces écoutes, dans *Le Monde* du 9 juillet 1995, conduisit le ministère de la Défense à confirmer la surveillance de deux anciens collaborateurs de François Léotard : le préfet Patrice Molle, chef de cabinet, et le colonel Louis-Pierre Dillais, chargé auprès de lui des « affaires réservées », tous deux anciens membres de la DGSE. Pour avoir eu accès à certains comptes rendus d'écoutes, *Le Monde* avait maintenu qu'un troisième homme au moins avait été surveillé : le préfet François Lépine, qui dirigeait le cabinet du ministre. Deux autres noms furent cités, sans que la preuve puisse être apportée qu'eux aussi avaient été espionnés : Renaud Donnedieu de Vabres,

et filatures furent confiées à une équipe d'agents des services secrets. Leurs rapports soulignèrent le rôle d'un homme d'affaires saoudien, cheik Ali Bin Mussalam, introduit auprès de la famille royale à Riyad et propriétaire de l'hôtel Prince-de-Galles à Paris : négociateur du contrat, il était censé percevoir une commission de 8 %, à partager avec deux intermédiaires libanais.

Grâce aux confidences d'un autre protagoniste, écarté de la distribution, les hommes du Président reconstituèrent l'emploi du temps du cheik Ali au cours de ses négociations. Ils découvrirent ainsi qu'à l'inverse des intermédiaires habituels, celui-ci entretenait autant de contacts auprès des politiques que parmi les industriels. Après un entretien avec Nicolas Bazire, chef de cabinet d'Édouard Balladur à Matignon, le 30 octobre 1993, le Saoudien avait rencontré à deux reprises le Premier ministre en personne, en novembre 1993 et janvier 1994. Entre décembre 1993 et janvier 1995, onze rendez-vous – dont un déjeuner au ministère de la Défense, le 21 décembre 1994 – l'avaient mis en présence de François Léotard, parfois accompagné de Renaud Donnedieu de Vabres – alors son conseiller le plus proche et futur ministre des gouvernements Raffarin et Villepin. Au printemps 1995, le même Donnedieu

alors conseiller politique de François Léotard, et Jacques Douffiagues, ancien ministre devenu président de la Société française d'exportation des systèmes d'armement (Sofresa), structure précisément chargée des négociations commerciales entre la France et l'Arabie Saoudite.

de Vabres, membre du comité de campagne de Balladur, s'était entretenu deux nouvelles fois avec le cheik Ali, juste avant que ce dernier n'encaisse, le 15 avril, un premier acompte, dont le montant est toujours resté secret. C'était une semaine avant le premier tour de l'élection présidentielle.

En juillet 1996, la première visite présidentielle de Jacques Chirac en Arabie Saoudite scelle le règlement financier de cette sombre histoire : en accord avec les autorités du royaume, ordre est donné de bloquer le règlement des commissions. Mais à Paris, les deux associés libanais du cheik Ali se rebiffent, réclament les sommes dues et menacent d'engager un procès devant la Cour internationale d'arbitrage. Ils excipent d'un contrat qui, outre les pourcentages prévus sur Sawari 2, les désigne comme agents exclusifs de l'État français pour tous les marchés à venir avec l'Arabie Saoudite durant dix ans. À l'Élysée, nul ne doute alors que cette filière de commissions, censée rester opérationnelle jusqu'en 2004, dissimule un circuit de financement politique. L'un des rapports remis aux hommes du Président indique qu'en vertu du dispositif mis en place en 1994, le cheik Ali Bin Mussalam « aurait reversé une partie du paiement dans les caisses du Parti républicain pour aider à l'élection de M. Balladur[1] ».

Nommé par l'Élysée, le nouveau président de la Sofresa – la société d'État chargée des tractations

1. « Mémorandum » daté du 19 juillet 1996. Archives de l'auteur.

commerciales franco-saoudiennes –, Michel Mazens, confie à un agent privé la mission de récupérer l'original de ce contrat, déposé dans une banque de Genève. Figure des réseaux chiraquiens, cet ancien policier à la carrure de rugbyman, longtemps attaché à la sécurité de Marcel Dassault, va s'employer à décourager les deux Libanais. Le premier s'incline rapidement : un matin, alors qu'il se rase dans la salle de bains de son chalet de Gstaad, en Suisse, Abdul el-Assir voit deux balles de revolver se ficher dans sa glace. Peu après, son frère, qui vit à Madrid, reçoit un message explicite : « Abandonnez l'affaire. » Le second, Ziad Takkiedine, est directement approché à Paris par l'agent de l'Élysée, dans le somptueux appartement qu'il possède, au rez-de-chaussée d'un immeuble proche du Trocadéro.

« Vous devez renoncer, lui dit l'homme.

– J'ai un contrat, je suis dans mon droit, répond l'intermédiaire.

– Vous ne pouvez rien faire, seul contre un État. Vous n'êtes pas de taille. Nous savons tout sur vous et nous avons les moyens de vous faire changer d'avis. »

Quelques jours plus tard, au téléphone, une voix lui indique l'adresse et les horaires de l'école de ses enfants. Son chauffeur découvre des impacts de balle sur sa limousine. Sans qu'il le sache, une caméra miniature est placée dans son appartement. Lorsque l'émissaire de l'Élysée revient le voir, Takkiedine lui demande de pouvoir « négocier avec Chirac ». « Il n'y a rien à négocier », s'entend-il répondre. À bout de nerfs, les deux intermédiaires finiront par prendre l'avion pour Genève avec Michel Mazens. Là, ils feront extraire d'un coffre l'unique exemplaire du fameux contrat, qui sera déchiré sous leurs yeux. De la face cachée du contrat Sawari 2 ne restera, alors, plus que des miettes.

Mais le souvenir, lui, n'est qu'endormi. Il est réactivé à l'hiver 2003, quand les chiraquiens apprennent que Nicolas Sarkozy prépare sans tapage un voyage officiel en Arabie Saoudite pour signer un contrat mirifique, que l'industrie française convoite vainement depuis dix ans : un marché d'équipements de sécurité pour garder les frontières du royaume, baptisé Miksa, dont le montant avoisine les 7 milliards d'euros. C'est Charles Pasqua qui avait lancé l'affaire – sous le gouvernement Balladur, déjà... Les renseignements parvenus à l'Élysée soulignent surtout le rôle joué auprès de l'entourage de Sarkozy par Ziad Takkiedine, le même intermédiaire libanais qu'il fallut écarter de l'opération Sawari 2. Pour les hommes du Président, sa présence dans le dispositif financier établi pour réceptionner les futurs paiements suffit à accréditer de nouveaux soupçons. L'implication personnelle des deux plus proches collaborateurs du ministre – Claude Guéant, son directeur de cabinet, et le député européen Brice Hortefeux –, qui se sont eux-mêmes rendus à Riyad pour préparer les négociations, leur rappelle fortement le précédent de 1994.

Le 12 décembre 2003, Chirac exige l'annulation du voyage de son ministre de l'Intérieur et décide de placer le contrat Miksa sous la surveillance directe de l'Élysée. Il désigne pour cela Maurice Gourdault-Montagne, ancien directeur du cabinet d'Alain Juppé, devenu conseiller diplomatique du Président et homme des missions délicates. Jamais la suspicion au cœur du pouvoir exécutif n'avait suscité une telle violence ni entraîné un chef de l'État aussi loin : ainsi, l'Élysée s'est assuré, dans un ordonnancement inédit, la haute main sur le plus gros marché de matériels sensibles jamais négocié par l'industrie française ; chiraquiens et sarkozistes se renvoient ouvertement l'accusation de vouloir profiter du contrat saoudien pour remplir d'hypothétiques caisses occultes. Malgré la vigilance de Gourdault-Montagne, dont la réputation d'intégrité est sans tache, intermédiaires officiels et officieux s'affrontent en coulisse avec la même avidité. Des émissaires de Rafic Hariri, le Premier ministre et homme d'affaires libanais, très en cour à l'Élysée, se rapprochent des négociateurs saoudiens. Un avocat bien introduit au Moyen-Orient et en Afrique, ancien des réseaux Foccart, invoque sa proximité avec Dominique de Villepin pour être associé aux pourparlers...

L'ambiance est telle qu'au retour d'un de ses tête-à-tête réguliers avec le Président, Sarkozy lâche devant ses proches, médusés : « Chirac, c'est la mafia ! » C'était le 14 janvier 2004 : moins d'une semaine après la réunion secrète du Quai d'Orsay, le jour où, pour la première fois, Jean-Louis Gergorin montra à Dominique de Villepin l'un des listings de Clearstream...

Dans le livre qu'il a consacré à la tentative de retour de Napoléon Ier, après son exil sur l'île d'Elbe, Dominique de Villepin citait cette formule de Talleyrand à propos de Fouché : « Le ministre de la police est un homme qui se mêle de ce qui le regarde et ensuite de ce qui ne le regarde pas[1]. » C'est le même enchaînement qui va le conduire dans le piège de l'affaire Clearstream. Parce qu'il se considère toujours comme le gardien des secrets de Jacques Chirac, la nécessité le hante de percer ceux de ses adversaires : aussi s'est-il passionné pour la jeunesse trotskiste de Jospin, les aventures saoudiennes de Léotard, tant d'autres que l'on ignore. Qu'il siège au Quai d'Orsay n'a, on l'a compris, rien changé à cela : il se voit aussi en ministre des affaires étranges. Quand Gergorin lui dit détenir les preuves de l'implication de personnalités dans un vaste trafic de commissions occultes sur les grands

---

1. Dominique de Villepin, *Les Cent-Jours ou l'Esprit de sacrifice*, Perrin, coll. « Tempus », 2002, p. 183.

contrats internationaux, il se pense l'homme de la situation. Les listes qu'évoque le dirigeant d'EADS dessinent sous ses yeux une réplique moderne du scandale de Panama, qui décima la classe politique française à la fin du XIXe siècle. Pour lui qui, en privé, vilipende si facilement la compromission des élus et rêve si fort d'un « nouveau départ », ce gotha informatisé de la corruption ressemble à une aubaine : il donne corps au fantasme et fournit l'une de ces occasions historiques de faire « table rase » qu'il guette l'arme au pied. Secrétaire général de l'Élysée, il s'était fait établir par les renseignements généraux un état complet des hommes politiques français mis en examen dans des affaires financières – on se demande bien pourquoi. Cette fois, il s'imagine tenir beaucoup mieux. En confiant au général Rondot une enquête sur les nouveaux « chéquards » de Clearstream, il est convaincu de faire son devoir – donc, d'être dans son droit.

Or le dédoublement qui est la marque de sa personnalité ne marie pas seulement l'ombre et la lumière ; il allie aussi le calcul et la candeur, le machiavélisme et une certaine forme de crédulité. Comme la plupart des autres personnages de cette histoire, Villepin a tendance à prendre ses désirs pour des réalités. C'est pourquoi il ne voit pas, d'emblée, que les documents de Gergorin résultent d'une falsification grossière, presque enfantine – à posséder des comptes secrets pour entreposer des pots-de-vin à l'étranger, irait-on le faire sous son nom ? C'est pourquoi, aussi, il pense tenir, avec cette liste tombée du ciel, l'occasion d'une percée décisive contre le rival honni. Peu après les premières confidences de Jean-Louis Gergorin, il jubile devant Jean-Pierre Raffarin : « Sarkozy, c'est fini. Cette fois, on le tient ! »

Les listings, lui a dit Jean-Louis Gergorin, proviennent « d'une pénétration du système informatique de Clearstream[1] ». L'auteur de cette intrusion – sa « source », dit-il – est un prodige de l'informatique qu'il a recruté chez EADS et présenté au général Rondot : Imad Lahoud, jeune homme brillant et fragile qui a travaillé comme courtier dans une banque américaine à Londres, où il aurait géré les comptes de la famille Ben Laden, et dont le rêve le plus cher est de travailler pour les services secrets. La réalité est moins romanesque : les documents ont en fait été fabriqués à partir d'anciens fichiers officiels de Clearstream ainsi que de tableaux extraits d'une étude que la société financière luxembourgeoise avait commandée, en 2000, au cabinet Arthur Andersen. Une main experte y a simplement ajouté des noms – des dizaines de noms.

Sur la première version des listings remis au général Rondot par Jean-Louis Gergorin en novembre 2003, celui de Nicolas Sarkozy ne figurait

1. Interrogatoire de Jean-Louis Gergorin, 26 juin 2006.

pas, fût-ce sous le camouflage de ses patronymes hongrois. Apparaissaient, en revanche, ceux de Dominique Strauss-Kahn, Jean-Pierre Chevènement, Alain Madelin, Dominique Baudis et Jean-Charles Marchiani [1], qui voisinent avec d'importants dirigeants de sociétés d'armement ou d'aéronautique, dont le point commun est d'avoir eu maille à partir avec Gergorin – d'où l'obstination de ce dernier à faire « exploiter » les documents par des autorités compétentes. De cet embrouillamini de noms et de chiffres, surgissaient aussi plusieurs hauts cadres du renseignement français, de l'administration et de la hiérarchie militaire, ainsi qu'une poignée de journalistes, jusqu'au mannequin Lætitia Casta et à la chanteuse adolescente Alizée !

Dominique de Villepin, lui, n'a qu'une préoccupation : les politiques. Qu'importent, sur ce point aussi, les démentis publics et les reconstitutions ultérieures : les petites fiches du général Rondot apportent assez de détails pour écarter le doute. Rédigées au jour le jour par cet espion aux réflexes de greffier, et qui jamais n'aurait pu deviner qu'un jour elles tomberaient entre les mains d'un juge, ses notes attestent les demandes du ministre. Dès le

---

1. Un exemplaire de ce document a été retrouvé au cours d'une perquisition au domicile du général Rondot, à Meudon, le 24 mars 2006. Une note manuscrite de Jean-Louis Gergorin y était annexée, datée du 23 novembre 2003, dans laquelle celui-ci classait en diverses catégories les personnalités mentionnées sur les listings ; il y avait recensé les noms de « cinq hommes politiques français ».

9 janvier 2004, lors de la réunion initiale au Quai d'Orsay, Villepin oriente les recherches à entreprendre et ses arrière-pensées sont évidentes. Le général note :

« Les connexions selon D. de V. et JLG : des réseaux tangentiels à explorer – Fabius, DSK, Pasqua [...] ;

« D. de V. insiste sur le croisement des réseaux en dehors des clivages politiques ;

« D. de V. demande de démonter le système et d'explorer la nature des relations pour comprendre les opérations qui sont rémunérées, un travail historique à faire ;

« D. de V. revient sur le voyage de NS en Chine : des intérêts financiers[1] ? »

La mention la plus intrigante est la suivante : « Un compte couplé (?) : Nicolas Sarkozy, Stéphane Bocsa – à préciser. » Elle démontre sans ambiguïté qu'à cette date, Villepin, Rondot et Gergorin supposaient déjà l'existence de deux comptes abritant les avoirs du ministre et que celui-ci pouvait être masqué sous son identité hongroise. De sorte que lorsque les noms « Nagy » et « Bocsa » apparaîtront, plus tard, sur d'autres versions des listes de Clearstream, ils ne pourront y avoir vu

---

1. Note manuscrite du général Philippe Rondot, 9 janvier 2004, *op. cit.* Les initiales « NS » désignent évidemment Nicolas Sarkozy. Le voyage en Chine dont il est question eut effectivement lieu du 8 au 10 janvier 2004 – c'est-à-dire au moment même où se tenait la réunion chez Dominique de Villepin.

qu'une confirmation de leurs soupçons – ou de leurs obsessions.

Chez Rondot, pourtant, le trouble grandit. Les vérifications auxquelles il procède ne concernent aucun politique ; fidèle à sa méthode, il préfère commencer plus modestement. Les informations qu'il recueille, ses conversations régulières avec Gergorin et Lahoud mènent en tout cas à la même conclusion : les listings sont falsifiés. Au mieux, ils mêlent le vrai et le faux ; au pire, il n'y a pas d'affaire Clearstream. À partir du 10 février 2004, chacune de ses notes comporte l'évocation de ses « doutes » sur les allégations du tandem Lahoud-Gergorin. Le 29 mars, un incident accroît le malaise : interpellé par la police, Imad Lahoud se trouve en garde-à-vue, soupçonné de malversations financières ; sur lui, on a trouvé une lettre signée par Gergorin indiquant qu'il travaille pour les services secrets, sous la tutelle du général Rondot. Furieux, l'officier téléphone à Gergorin pour le sermonner. Quelques minutes passent et il reçoit un appel de Dominique de Villepin, qui lui demande de « faire sortir Lahoud de là[1] ». Plus tard, lorsque l'intrigue sera sortie de l'ombre, le général aura ce commentaire étrange : « Cette démarche peut paraître surprenante de la part d'un ministre, mais elle s'explique parce que Dominique de Villepin suivait l'évolution de cette affaire Clearstream et

1. Procès-verbal d'audition du général Philippe Rondot, *op. cit.*

qu'Imad Lahoud était "au piano", si je peux dire. Dominique de Villepin craignait peut-être que Lahoud ne parle de cette affaire[1]. »

Prisonnier de ses liens amicaux avec le ministre et des instructions que celui-ci lui a dit tenir du Président, il continue par devoir mais se méfie de plus en plus. Le lendemain de l'interpellation de Lahoud, Villepin devient ministre de l'Intérieur dans le nouveau gouvernement Raffarin. Dès le 5 avril, Rondot lui écrit un mot personnel pour lui offrir ses services en matière de « lutte antiterroriste[2] » ; peut-être pour échapper à cette mission qui lui pèse. Le 6 avril, il écrit sur une de ses fiches : « Envisager de décrocher. Avertir D. de V. » Puis, le 13 : « Persistance de mes doutes [...] Couper si aucune confirmation du scénario. Prévenir D. de V. » Le 20, il rapporte, après un rendez-vous avec le directeur du cabinet de Michèle Alliot-Marie : « Expression de mes doutes mais il y a sans doute quelque chose [...] La filière Sarkozy : Brice Hortefeux (trésor de guerre selon le dircab). »

À la fin de ce mois d'avril, le général informe successivement Dominique de Villepin et Michèle Alliot-Marie de sa conviction d'avoir affaire à un

---

1. Procès-verbal d'audition du général Philippe Rondot, *op. cit.*
2. Lettre de Philippe Rondot à Dominique de Villepin, ministre de l'Intérieur, 5 avril 2004. « Tu sais pouvoir compter sur ma disponibilité, entière et discrète, dans les charges qui sont désormais les tiennes, s'agissant notamment de la lutte antiterroriste, qui reste l'un de mes domaines d'intérêt », a écrit le général.

montage. Il espace ses entretiens avec Lahoud, affiche sa défiance à l'égard de Gergorin. C'est alors que ce dernier décide d'adresser ses documents au juge Van Ruymbeke, afin de relancer les investigations sur un autre front. Le 3 mai 2004, une première lettre est envoyée au magistrat, puis un CD-Rom, puis des tableaux, puis deux autres CD-Rom : une pluie de numéros de comptes et de noms, qui va bientôt ruisseler jusque dans la presse et donner à la sordide manipulation l'ampleur d'un coup d'État.

Les faits sont les faits et l'enchaînement des circonstances parle de lui-même. À défaut d'explication – ou d'aveux – des acteurs de l'histoire, le reste relève de l'interprétation. Que Dominique de Villepin se soit réjoui de voir Nicolas Sarkozy compromis dans un mauvais thriller financier est plus que certain. Qu'il ait pour cela activement pris part à la supercherie est moins probable. Mais lorsqu'il comprit que les inquiétudes du général Rondot étaient fondées, tout démontre en tout cas qu'il préféra cacher son propre rôle plutôt que de risquer de voir ses manigances étalées au grand jour.

Le 19 juillet 2004, onze jours après l'article du *Point*, l'officier est reçu au ministère de l'Intérieur. « Mes investigations ne sont pas venues étayer la thèse de Gergorin », explique-t-il à Dominique de Villepin. Il ajoute : « Le risque est que le président de la République soit atteint. » Le ministre lui répond qu'« il y a sans doute une part de vérité » dans les listings, mais qu'il faut, à présent, « demander à Gergorin de ne plus bouger » et brandit cette menace : « Si nous apparaissons, le Président et moi, nous sautons[1]... » À l'issue de l'entretien, Rondot note, en guise de commentaire personnel, que Lahoud doit « savoir beaucoup de choses de Gergorin avec implication de D. de V. et le juge Van Ruymbeke » – ce qui laisse clairement entendre qu'il suspecte l'intervention du ministre derrière l'envoi par Gergorin des listings truqués au magistrat. Mais il s'assigne aussitôt cet objectif, qui explique ses atermoiements futurs : « Protéger D. de V. et PR. »

Du ministre, le général a aussi appris qu'une enquête avait été commandée à la DST. En fait, Villepin a demandé au directeur du contre-espionnage, Pierre de Bousquet de Florian, de diligenter des recherches pour connaître l'origine des informations du *Point*, en invoquant le risque d'une « atteinte aux intérêts nationaux » ; mais il l'a fait dès le 5 juillet, sur le tarmac de la base de Villacoublay, alors qu'il partait pour l'Écosse où se tenait un sommet du G8 – c'est-à-dire avant le bouclage du journal. La DST n'a pas mis plus de quelques jours à recueillir des renseignements d'origines diverses qui tous concourent à désigner Gergorin

1. Propos rapportés dans une note manuscrite du général Rondot datée du 19 juillet 2004.

comme le « corbeau » de l'affaire Clearstream. Plusieurs rapports sont rédigés en ce sens mais ils ne sont pas portés à la connaissance de Nicolas Sarkozy. Aucune solidarité gouvernementale ne joue : il est pourtant acquis, à cette date, que la présence de son nom sur les listings bancaires est le produit d'une falsification. L'hypothèse d'une opération d'intoxication dont un membre du gouvernement serait l'une des victimes ne suffit pas, apparemment, à provoquer le coup d'arrêt qu'espère Rondot.

Non sans amertume, le général témoignera de cette frustration : « J'ai alerté les autorités politiques, à savoir M. de Villepin et Mme Alliot-Marie, en les mettant en garde sur les risques que faisait courir cette affaire et, malgré tout, tout s'est poursuivi, c'est-à-dire que certains ont continué à y croire ; il n'y a pas eu de stop mis à cette affaire, qui a continué à se développer, avec les lettres de dénonciation notamment, sans que quelqu'un ait le courage politique de dire stop, arrêtons le jeu de massacre[1]. » Mais à chacune de ses conversations avec Villepin, le ministre lui demande de continuer ses recherches, alors que l'évidence crève les yeux. Le 27 juillet, Rondot note qu'il l'encourage à « discuter encore sur le montage » et à revoir Gergorin « qui a des éléments ». Le 2 septembre : « D. de V. estime que malgré les vérifications négatives [...], il y a quelque chose car tout ce beau monde s'agite

---

1. Procès-verbal d'audition du général Philippe Rondot, *op. cit.*

et s'inquiète – N. Sarkozy ? » Le même jour, le général relève qu'il a été question, avec le ministre, d'une « liste de 5 000 numéros de comptes reçue par le juge » et écrit : « À voir avec Gergorin. » Cette inscription accrédite fortement l'hypothèse selon laquelle Dominique de Villepin aurait été informé en temps réel de l'envoi des listings à la justice : en effet, un CD-Rom contenant cinq mille noms et numéros de comptes a bien été adressé, le 26 août, au juge Van Ruymbeke. Tout porte à croire que, sept jours plus tard, Villepin est dans la confidence.

Pourtant, il insiste encore. Le 7 septembre, Rondot note : « D. de V. n'est toujours pas convaincu qu'il y a une possibilité de montage. » Le 14 : « D. de V. en retrait mais ne discute pas mise en cause de Nicolas Sarkozy. » Trois jours plus tard, le mal est définitivement fait : *Le Parisien* cite pour la première fois les noms des quatre hommes politiques qui apparaissent dans les documents reçus par le juge Van Ruymbeke[1] : Jean-Pierre Chevènement, Alain Madelin, Dominique Strauss-Kahn et, bien sûr, Nicolas Sarkozy. Tous dénoncent, dans le journal, la mystification dont ils sont victimes, mais leurs photos ornent l'article et la calomnie ne s'embarrasse pas de ce genre de réserve. Après la parution du *Point*, Villepin avait téléphoné au directeur de l'hebdomadaire, Franz-Olivier Giesbert, pour

1. *Le Parisien*, 17 septembre 2004.

l'encourager à publier les noms : « Sarkozy, c'est fini. Si les journaux font leur travail, il ne survivra pas à cette affaire-là[1]. » C'était, au mieux, de la forfanterie ; au pire, de la manipulation. Il lui aura fallu attendre deux mois pour que ses espoirs soient enfin comblés et que le nom de son ennemi s'étale enfin en gros caractères dans la rubrique « faits divers ».

Il y a cependant plus grave encore. Ministre de l'Intérieur, Villepin est automatiquement destinataire des rapports de la DST qu'il a lui-même commandés sur les dessous de l'affaire Clearstream. Curieusement, il n'en tient aucun compte. Le chef de la DST, Pierre de Bousquet de Florian, est pourtant lui aussi un homme de confiance : c'est un ancien conseiller de l'Élysée, qu'il tutoie et dont il a lui-même appuyé la nomination à ce poste. Mais Villepin dissuade Rondot de s'associer à ses recherches, alors qu'il l'incite, à l'inverse, à se rapprocher de Gergorin. Entre la fin septembre et la mi-octobre 2004, le service de contre-espionnage va plus loin. Trois « notes de contact » présentent de façon affirmative Gergorin comme l'auteur des envois anonymes à la justice et l'auteur principal de la supercherie. Pierre de Bousquet de Florian fait alors part au ministre de ses « convictions étayées » et préconise que les plus hauts dirigeants du groupe

---

1. Franz-Olivier Giesbert a rapporté ce propos dans un éditorial du *Point*, le 4 mai 2006.

EADS soient prévenus de l'implication de l'un d'entre eux dans une affaire aussi grave. Dans la perspective d'un petit-déjeuner avec Arnaud Lagardère, Dominique de Villepin demande au directeur de la DST de rédiger une synthèse écrite des éléments du dossier. Le ministre a-t-il donné l'alerte ? Tout indique le contraire, puisque Jean-Louis Gergorin est resté en fonctions jusqu'à l'éclosion du scandale, deux ans plus tard. En revanche, le ministre a prié le général Rondot de prévenir Gergorin : « D. de V. me demande de voir JLG pour mise en garde », a inscrit l'ancien agent secret, sur une fiche datée du 24 octobre 2004. Quant au rapport, qui constituait une preuve matérielle de l'identification du « corbeau » dès cette époque et démontait la machination, il n'a jamais été retrouvé. Et pour cause : devant plusieurs témoins, le directeur de la DST a affirmé, depuis, que Dominique de Villepin l'avait détruit sous ses yeux...

Effacer les traces : ce sera, désormais, la hantise des conjurés. Le 26 octobre, Rondot relève : « Mon entretien avec D. de V. et les inquiétudes ! Aucune note laissée. » Il ajoute : « Enjeu : Gergorin et Lahoud ; le risque est que ceux-là essaient de mettre en cause D. de V. » Plusieurs inscriptions ultérieures évoqueront la nécessité de faire disparaître dossiers et CD-Rom compromettants. Seules resteront les fiches du général, éphéméride d'une fausse affaire devenue, par l'empressement, la maladresse et le cynisme des hommes du Président, un vrai scandale. Dans la précision mécanique des mots et des dates, la chronique involontaire de l'agent Rondot dévoilera alors ce qui aurait pu ne jamais être su : comment, durant plus d'une année, à l'ombre du secret-défense, un petit groupe d'hommes avait mis l'État au service d'une vendetta ; et comment, ainsi, la folie s'était emparée du pouvoir.

ÉPILOGUE

Le Président dans son labyrinthe

Les fiches quadrillées du général Rondot sont à la France de Jacques Chirac ce que les bandes magnétiques du bureau ovale furent à l'Amérique de Richard Nixon : elles dévoilent un ordinaire du pouvoir concentré sur lui-même et sa propre sauvegarde, sans pitié avec ses adversaires, peu regardant sur les moyens. Elles offrent le spectacle d'un exécutif démystifié, obsédé par ses propres complots – tantôt pour les fomenter, tantôt pour empêcher qu'ils ne soient éventés. En 1973, la découverte du système de micros clandestins posé à la demande du président américain au cœur même de la Maison-Blanche avait choqué les Américains ; leur contenu les avait effarés. Sommé par la Cour suprême de remettre les enregistrements à la justice, Nixon avait dû consentir à la divulgation de ses propres emportements, de ses menaces et de ses délires, des ordres qu'il donnait dans l'espoir d'étouffer les enquêtes aux accès de paranoïa que lui inspirait, au fil des mois, l'accumulation croissante des soupçons. Il avait ainsi fourni lui-même la preuve de sa culpabilité.

Trois décennies plus tard, de l'autre côté de l'Atlantique, les archives de l'ex-agent Rondot n'ont sans doute pas la même force – on n'y entend pas la voix du chef de l'État – mais elles éclairent assez les agissements des hommes du Président pour être accablantes : jour après jour, au fil des réunions et des conciliabules, on peut y lire leurs sombres desseins, leurs doutes progressifs puis, surtout, leur folle panique à l'idée de se voir découverts. À de multiples reprises, le général écrit : « Protéger le Président. » À la fin de l'année 2004, il a plusieurs échanges avec le chef d'état-major particulier de l'Élysée, le général Jean-Louis Georgelin, envoyé au contact pour organiser la protection du chef de l'État contre les retombées du scandale. Le 7 octobre 2005, alors que les juges ignorent encore l'essentiel de l'affaire, les deux officiers s'entretiennent en tête-à-tête. Dans le résumé de la conversation qu'il a rédigé, en style télégraphique, Rondot a écrit : « Une épée de Damoclès sur D. de V. »

C'est qu'entre le point de départ de la conjuration Clearstream et l'éclosion du scandale, Dominique de Villepin est devenu Premier ministre. Avec cette nomination, décidée par Chirac au lendemain du référendum perdu sur la Constitution européenne, un cycle devait se refermer : la menace des « affaires » définitivement écartée – du moins le pensait-il –, l'heure était venue de porter à la tête du gouvernement celui qui fut son meilleur garde, son guerrier le plus brave, son confident des jours sombres, l'aide de camp avec lequel il préparait ses batailles. Napoléon faisait de ses généraux des rois et des princes qui veilleraient sur ses conquêtes. Avec Villepin, Chirac fait davantage : il lui délègue ses pouvoirs, il s'en remet à lui. Il officialise ainsi, devant le pays, son propre affaiblissement.

Dès le lendemain de son arrivée à Matignon, Villepin entérine discrètement cette passation de pouvoirs qui ne dit pas son nom. Dans la première interview qu'il accorde à la télévision, il balaie une question sur son inexpérience du suffrage universel – lui qui n'a jamais détenu aucun mandat électif – d'une formule cinglante : « Ma légitimité, c'est ma mission. » Avant lui, tous les Premiers ministres de la Vᵉ République avaient commencé par se revendiquer du chef de l'État ; il choisit de s'en dispenser. L'inversion des rôles culmine le 5 novembre 2005. Alors qu'une flambée de violence se répand dans les banlieues, les caméras filment un Jacques Chirac au visage blafard, devant le perron de l'Élysée, qui cède la parole au Premier ministre pour le laisser annoncer lui-même le déclenchement de l'« état d'urgence ». Au mois de mars 2006, des cortèges d'étudiants traversent toutes les grandes villes de

France pour demander le retrait de la loi créant le « Contrat première embauche », invention de Villepin pour lutter contre le chômage des jeunes. Pour endiguer la crise, le chef de l'État est obligé de prononcer une déclaration alambiquée qui annonce le retrait du texte contesté sans pour autant désavouer le chef du gouvernement : il explique ainsi qu'il promulguera le texte mais qu'il en demande aussitôt la modification et que, dans l'attente, les effets en seront suspendus. Cela aussi est sans précédent : que le président de la République se porte au secours de son Premier ministre bouleverse l'ordre institutionnel établi ; puisée à la source de la conception gaullienne, la tradition veut que Matignon serve de rempart à l'Élysée et non l'inverse...

Au-delà des talents personnels de Villepin, la proximité forgée dans les pires épreuves de sa présidence explique avant tout le lien de confiance qui l'unit à Chirac. Elle accrédite aussi les interprétations les plus osées. En 1997, après la dissolution catastrophe, quand bruissaient les rumeurs de son bannissement, Villepin se montrait étrangement sûr de lui : « Le Président ne peut pas me virer, clamait-il. Il ne pourra jamais. Il m'a introduit dans le saint des saints. Je sais beaucoup trop de choses. À l'extérieur de son système, je deviendrais une bombe à retardement[1]. » Le propos semble peut-être exces-

---

1. Propos rapporté par Franz-Olivier Giesbert, in *La Tragédie du Président, scènes de la vie politique, 1986-2006, op. cit.*, p. 217.

sif, mais les faits lui donnèrent raison : il resta. Après l'épisode du « Contrat première embauche », le magazine *L'Express* ira jusqu'à orner sa couverture de ce titre inouï : « Comment Villepin manipule Chirac[1] ». Quelques jours plus tard surgiront les secrets de l'affaire Clearstream et, avec eux, les espoirs de revanche de ses – nombreux – ennemis. Rattrapé par ses propres intrigues, ayant en outre impliqué le Président en invoquant ses « instructions », il ne pourra pas tenir. Déjà, plusieurs ministres confient avoir été approchés par l'Élysée pour préparer la suite. Plusieurs collaborateurs du chef de l'État jurent l'avoir entendu prononcer la sentence : « Si Dominique ne prend pas ses responsabilités, je devrai le faire pour lui. » Mais une fois de plus, il résiste à la tempête, lance une volée de démentis contradictoires et sauve sa tête.

« La chute féconde le mythe », notait Villepin en conclusion de son récit des Cent-Jours[2]. Sa légende à lui est faite, au contraire, d'échecs déjoués. Encore chacun d'entre eux marque-t-il un effondrement supplémentaire du Président. Des trois attributs principaux que donne la Constitution au chef de l'État, Jacques Chirac avait déjà gaspillé la dissolution et le référendum. Seule lui restait, pour affirmer son autorité, la nomination d'un Premier ministre qui lui serait dévoué et dont la force

---

1. *L'Express*, 30 mars 2006.
2. *Op. cit.*, p. 573.

pourrait régénérer son énergie chancelante. Mais sa relation trouble avec Dominique de Villepin, faite d'une telle dépendance réciproque qu'ils paraissent indéfectiblement liés – pour le pire plus que pour le meilleur –, a achevé le processus de dilapidation. Condamné à attendre la fin sans espoir de reconquête, le chef de l'État n'est plus qu'un monarque sans sceptre, omnipotent dans les textes mais impotent dans les faits. Dans le dédale d'artifices et de faux-fuyants où il s'est sauvé tant de fois, c'est la réalité de son pouvoir qui a fini par s'évanouir.

« Que se passe-t-il ? Suis-je donc si malade que l'on me parle de testament et de confession ? Comment sortirai-je de ce labyrinthe ? » Relatant les derniers instants de Simón Bolívar, en 1830, au terme du long voyage sans retour qui l'éloignait du pouvoir, Gabriel García Márquez prêtait au conquérant sud-américain, perclus de fièvres et de souvenirs lancinants, cet ultime cri d'angoisse, qui lui inspira le titre d'un récit étrange et crépusculaire : *Le Général dans son labyrinthe*[1]. Alors qu'approche le terme de sa présidence, Jacques Chirac n'en est sans doute pas là – même si sa tumultueuse ascension peut évoquer, à certains égards, l'alternance de victoires et d'exils qui rythma la vie du Libertador. Mais la disgrâce poli-

1. Gabriel García Márquez, *Le Général dans son labyrinthe*, Grasset, 1990.

tique et l'affaiblissement physique conjugués ont fini par le faire ressembler à ce moribond du pouvoir que ne préoccupait plus, à l'heure de l'ultime voyage, que le besoin de mettre en ordre ses affaires et ses souvenirs ; et cette forme d'agonie a mis en exergue assez de questions sur la fragilité du mythe présidentiel pour que ces mots, où se mêlent la colère et l'angoisse, paraissent soudain les siens.

« Je ne suis pas à l'heure du bilan », a dit Jacques Chirac, le 14 juillet 2006. Nul ne pouvait douter, pourtant, qu'il célébrait alors pour la dernière fois la fête nationale au palais de l'Élysée. Seul le désir éperdu de conserver un semblant d'autorité jusqu'au jour du départ dictait ces dénégations, prononcées dans un sourire crispé qui semblait signifier : « Ne m'en demandez pas davantage ». L'année précédente, le désastre du référendum européen lui avait offert un piteux anniversaire, pour sa dixième année à la tête de l'État ; mais il avait protesté pareillement : « Je ne suis pas un homme d'anniversaire. » Échappatoires embarrassées qui, pourtant, ne sauraient abuser : le refus d'une évaluation critique de son action n'est-elle pas, chez l'homme de gouvernement, le symptôme de la peur du vide ? La négation du temps qui passe n'est-elle pas, aussi, l'expression d'une peur de mourir ?

L'histoire d'une présidence n'appartient pas au président, mais aux citoyens. Elle n'est pas faite que de grandeur et de noblesse ; depuis Machiavel, chacun sait que l'exercice du pouvoir ne va pas sans arrangements avec la morale, sans compromis avec l'ambition, sans renoncements devant l'épreuve. Observateur sagace et indulgent des débuts de la démocratie, Tocqueville soulignait déjà, en son temps, les troubles effets de cette ambivalence. « Chez les peuples démocratiques, écrivait-il, ceux qui sont à la tête de l'État étant presque toujours en butte à des soupçons fâcheux, donnent en quelque sorte l'appui du gouvernement aux crimes dont on les accuse. Ils présentent ainsi de dangereux exemples à la vertu qui lutte encore, et fournissent des comparaisons glorieuses au vice qui se cache[1]. » Dans sa vision fataliste, le triste spectacle qu'offrait cette forme de transparence s'opposait au « raffinement aristocratique » des monarchies corrompues qui restait hors d'atteinte du plus grand nombre et, de ce fait, ne contribuait pas à la démoralisation de la société. « Le peuple, disait-il, ne pénétrera jamais le labyrinthe obscur de l'esprit de cour. »

Dans un régime qui mêle aussi étroitement l'inspiration démocratique et les pratiques monarchiques, il était logique que cet écheveau de mensonges serve de refuge aux modernes aristocrates du pouvoir et à leurs coupables pratiques. C'est pourquoi il sera toujours légitime d'essayer d'y

1. Alexis de Tocqueville, *De la démocratie en Amérique*, *op. cit.*, p. 333.

entrer. Car donner à voir ce qui est caché n'est pas confondre la partie avec le tout, ni réduire la politique à ses procédés les plus contestables. Les portes du pouvoir, souvent fermées sur d'inavouables secrets, ont leurs trous de serrure et ce que ceux-ci offrent au regard n'est pas une image déformée, mais un morceau de la réalité qu'il faut prendre comme tel.

« Quand je quitterai la présidence des États-Unis, elle sera devenue respectable[1] », avait lancé Richard Nixon en 1968, le jour de son investiture. L'histoire n'a pas conservé de lui ce souvenir. Quoique triomphalement réélu en 1972, initiateur d'une politique étrangère qui mit un terme à la guerre du Viêtnam et ouvrit le dialogue avec la Chine, il fut happé par le tourbillon du Watergate et forcé à la démission. Jacques Chirac n'a pas prononcé de tel serment, de sorte qu'on ne saurait mesurer à cette aune sa réussite ou son échec ; et s'il a échappé à toute forme de jugement, c'est qu'il s'est efforcé avec constance de s'y soustraire et que la France n'est pas l'Amérique – ce dont il n'est pas sûr qu'il faille se plaindre. Mais à creuser sans cesse le fossé qui sépare le pouvoir de la responsabilité, le cinquième président de la Ve République a laissé dépérir l'institution dont il était le garant et dilapidé l'héritage dont il se voulait le gardien. C'est

1. Cité par André Kaspi, in *Le Watergate, 1972-1974, la mémoire du siècle*, Éditions Complexe, 1983.

pourquoi l'ère du présidentialisme chiraquien a redonné vigueur et actualité aux débats institutionnels sur le statut du chef de l'État – entre partisans d'une majesté restaurée et défenseurs d'un exécutif modernisé, dépouillé de ses privilèges. De ce point de vue, ses douze années d'exercice auront constitué une longue fin de règne : celle d'une présidence réduite à ses immunités.

Paris, août 2006

Table

Cet ouvrage a été composé par
NORDCOMPO, Villeneuve d'Asq

Impression réalisée sur CAMERON par
BRODARD ET TAUPIN
La Flèche

pour le compte des Éditions Stock
31, rue de Fleurus, 75006 Paris
en octobre 2006

Imprimé en France
Dépôt légal : novembre 2006
N° d'édition : 81056 – N° d'impression : 38400
54-07-5854-03/2